高等院校统计学系列教材

统计学习题集

主编 赵振伦 李洪静

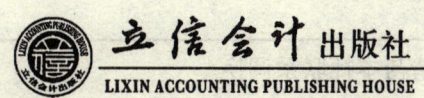
立信会计出版社
LIXIN ACCOUNTING PUBLISHING HOUSE

图书在版编目(CIP)数据

统计学习题集/赵振伦,李洪静主编.—上海:立信会计出版社,2014.7
高等院校统计学系列教材
ISBN 978-7-5429-4271-5

Ⅰ.①统…　Ⅱ.①赵…　②李…　Ⅲ.①统计学—高等学校—习题集　Ⅳ.①C8-44

中国版本图书馆 CIP 数据核字(2014)第159575号

责任编辑　赵志梅
封面设计　周崇文

统计学习题集

出版发行	立信会计出版社
地　　址	上海市中山西路2230号　邮政编码 200235
电　　话	(021)64411389　传　真 (021)64411325
网　　址	www.lixinaph.com　电子邮箱 lxaph@sh163.net
网上书店	www.shlx.net　电　话 (021)64411071
经　　销	各地新华书店
印　　刷	常熟市梅李印刷有限公司
开　　本	787毫米×960毫米　1/16
印　　张	10.5
字　　数	129千字
版　　次	2014年7月第1版
印　　次	2015年7月第2次
印　　数	3 101—6 200
书　　号	ISBN 978-7-5429-4271-5/F
定　　价	28.00元

如有印订差错,请与本社联系调换

前　言

本书是与《统计学——理论·实务·案例》第二版配套的习题集,每章内容主要包括学习指导、学习要点和本章习题,并用表格形式介绍了本章结构、主要内容和学习要点。本书习题量较多,通过习题可以对统计学有较深的理解,也可以全面掌握和理解本章的内容。本习题集没有附答案,目的是让读者自己独立思考。

本书可作为高等院校学生用书,也可作为教师的参考书,由于作者水平有限,疏漏之处,请读者多提宝贵意见。

编　者

2014 年 7 月

目　　录

第一章　绪论 ·· 1
　　学习指导 ·· 1
　　本章习题 ·· 1

第二章　统计数据的搜集 ·· 11
　　学习指导 ··· 11
　　本章习题 ··· 11

第三章　统计数据的整理 ·· 24
　　学习指导 ··· 24
　　本章习题 ··· 24

第四章　静态分析指标——数据描述 ····························· 41
　　学习指导 ··· 41
　　本章习题 ··· 42

第五章　概率与概率分布 ·· 68
　　学习指导 ··· 68

本章习题 …………………………………………………………… 68

第六章 抽样推断 ………………………………………………… 75
学习指导 …………………………………………………………… 75
本章习题 …………………………………………………………… 76

第七章 假设检验与方差分析 …………………………………… 91
学习指导 …………………………………………………………… 91
本章习题 …………………………………………………………… 92

第八章 时间数列分析 …………………………………………… 102
学习指导 …………………………………………………………… 102
本章习题 …………………………………………………………… 102

第九章 统计指数 ………………………………………………… 118
学习指导 …………………………………………………………… 118
本章习题 …………………………………………………………… 119

第十章 相关分析和回归分析 …………………………………… 134
学习指导 …………………………………………………………… 134
本章习题 …………………………………………………………… 135

附 录 ……………………………………………………………… 144
模拟试题一 ………………………………………………………… 144
模拟试题二 ………………………………………………………… 152

第一章 绪 论

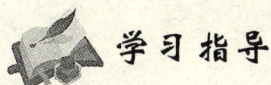 学习指导

本章重点掌握统计的含义,统计的工作过程,统计的分析方法,应用领域,统计当中的一些基本概念。本章各节的主要内容和学习要点概括在下面的表格内。

章 节	主 要 内 容	学 习 要 点
第一节 统计及其应用领域	统计含义,工作过程,统计的分析方法,应用领域	统计学,分析方法,描述统计,推断统计
第二节 统计数据的类型	分类数据,顺序数据,数值数据,观测数据,实验数据,界面数据,时间序列数据	重点掌握分类数据和顺序数据的区别和相同点;观测数据与实验数据的区别
第三节 统计学中的几个基本概念	总体,总体单位,变量指标,指标体系,标志,统计量,参数,样本	重点掌握变量分类标志和指标的分类,标志和指标的区别和联系,指标的特点

 本章习题

一、单项选择题

1. 在实际应用中,统计的含义是指( )。

    A. 统计理论与统计实践

B. 统计设计、统计调查与统计整理

C. 统计工作、统计资料与统计学

D. 统计分析报告与统计预测模型

2. 构成总体,必须同时具备(　　)。

　　A. 总体性、数量性与同质性

　　B. 总体性、同质性与差异性

　　C. 社会性、同质性与差异性

　　D. 同质性、数量性与差异性

3. 要了解某工业企业职工的文化水平,则总体单位是(　　)。

　　A. 该工业企业的全部职工

　　B. 该工业企业的每一个职工

　　C. 该工业企业每一个职工的文化程度

　　D. 该企业全部职工的平均文化程度

4. 下列各项中,属于品质标志的是(　　)。

　　A. 身高　　　　　　　　　B. 工资

　　C. 年龄　　　　　　　　　D. 文化程度

5. 统计工作的基础是(　　)。

　　A. 统计设计　　　　　　　B. 统计调查

　　C. 统计整理　　　　　　　D. 统计分析

6. 统计的认识过程是(　　)。

　　A. 定性认识到定量认识

　　B. 定量认识到定性认识

　　C. 定量认识到定性认识再到定量认识

　　D. 定性认识到定量认识再到定量认识与定性认识相结合

7. 一个总体(　　)。

A. 只能有一个标志　　　　　　B. 可以有多个标志

C. 只能有一个指标　　　　　　D. 可以有多个指标

8. 某职工月工资为1 800元,"工资"是(　　)。

　A. 品质标志　　　　　　　　B. 数量标志

　C. 变量值　　　　　　　　　D. 指标

9. 统计工作与统计学的关系是(　　)。

　A. 统计实践与统计理论

　B. 统计活动过程与活动成果

　C. 内容与本质

　D. 时间先后

10. 对某市工业企业职工的收入情况进行研究,总体是(　　)。

　A. 每个工业企业

　B. 该市全部工业企业

　C. 每个工业企业的全部职工

　D. 该市全部工业企业的全部职工

11. 一名学生为了完成统计学作业,在《统计年鉴》中找到了2013年某市城镇年人均可支配收入的数据,这一数据属于(　　)。

　A. 分类数据　　　　　　　　B. 截面数据

　C. 顺序数据　　　　　　　　D. 时间数列数据

12. 某校毕业生论文成绩,属于(　　)。

　A. 类型数据　　　　　　　　B. 数值数据

　C. 实验数据　　　　　　　　D. 顺序数据

13. 通过调查或观测得到的数据称为(　　)。

　A. 实验数据　　　　　　　　B. 截面数据

　C. 观测数据　　　　　　　　D. 时间序列数据

14. 在不同时间点上收集的数据称为（　　）。
    A. 实验数据　　　　　　　　　B. 截面数据
    C. 时间序列数据　　　　　　　D. 观测数据

15. 研究者想要了解的总体特征值称为（　　）。
    A. 统计量　　　　　　　　　　B. 参数
    C. 变量　　　　　　　　　　　D. 变量值

16. 用来描述样本特征的概括性数字度量称为（　　）。
    A. 变量　　　　　　　　　　　B. 变量值
    C. 参数　　　　　　　　　　　D. 统计量

17. 某市统计局准备在全市 50 万个家庭中抽取 1 000 个家庭，推断该市所有家庭的年人均可支配收入，这里的统计量是（　　）。
    A. 1 000 个家庭的人均可支配收入
    B. 50 万个家庭的人均可支配收入
    C. 1 000 个家庭
    D. 50 万个家庭

18. 某大学调查学生平均月生活费支出状况，共调查 100 名学生，发现他们每月生活费平均支出 700 元，该研究的总体是（　　）。
    A. 该大学所有学生
    B. 调查的 100 名学生
    C. 该大学所有学生的生活费
    D. 调查的 100 名学生的生活费

二、多项选择题

1. 统计学中常用的基本概念有（　　）。
    A. 总体　　　　　　　　　　　B. 总体单位

C. 标志 D. 变量
E. 指标

2. 下列指标中,属于数量标志的有(　　)。
   A. 商品零售额 B. 工龄
   C. 计划完成百分数 D. 合同履行率
   E. 企业经济类型

3. 下列各项中,属于离散变量的有(　　)。
   A. 全国总人口 B. 年龄
   C. 平均工资 D. 钢铁产值
   E. 某市三资企业个数

4. 作为统计信息管理机构,统计部门的职能有(　　)。
   A. 决策 B. 信息
   C. 咨询 D. 监督
   E. 执行

5. 统计的工作过程一般包括(　　)。
   A. 统计设计 B. 统计预测与决策
   C. 统计调查 D. 统计整理
   E. 统计分析

6. 总体的基本特征有(　　)。
   A. 同质性 B. 大量性
   C. 差异性 D. 相对性
   E. 绝对性

7. 统计设计阶段的结果有(　　)。
   A. 统计报表制度 B. 统计调查方案
   C. 统计分类目录 D. 统计指标体系

E. 统计分析

8. 当前,我国统计的任务有( )。

   A. 对国民经济和社会发展情况进行统计调查

   B. 对国民经济和社会发展情况进行统计分析

   C. 提供统计资料

   D. 提供统计咨询意见

   E. 实行统计监督

9. 统计分析阶段的任务包括( )。

   A. 搜集完整的原始资料

   B. 准备系统的、条理化的综合资料

   C. 分析和评价所掌握的统计资料

   D. 认识事物的本质和规律性

   E. 对事物未来的发展趋势作出科学的预测

10. 在全国人口普查中,( )。

    A. 全国人口数是总体

    B. 每一个人是总体单位

    C. 全部男性人口数是统计指标

    D. 人口的平均年龄是统计指标

    E. 人口的性别比是总体的品质标志

11. 下列变量中,属于定性变量的有( )。

    A. 职业   B. 教育程度

    C. 年龄   D. 工资

    E. 工种

12. 下列指标中,属于数量指标的有( )。

    A. 人数   B. 销售额

C. 商品库存量 D. 工业总产出
E. 劳动生产率

13. 下列变量中,属于连续变量的有( )。
    A. 人数 B. 工业总产出
    C. 学校个数 D. 商品销售额
    E. 银行存款额

14. 下列标志中,属于品质标志的有( )。
    A. 性别 B. 年龄
    C. 工种 D. 文化程度
    E. 职工工资

15. 下列变量中,属于类型变量的有( )。
    A. 民族 B. 工种
    C. 体育跳高成绩 D. 性别
    E. 论文成绩

16. 下列各项中,属于观测数据的有( )。
    A. 温度 B. 上证指数
    C. 民族 D. 蔬菜价格
    E. 生产的产品数量

17. 统计数据分析的方法主要有( )。
    A. 理论统计 B. 描述统计
    C. 应用统计 D. 推断统计
    E. 经济统计

18. 统计的工作过程包括( )。
    A. 设计 B. 调查
    C. 应用 D. 整理

E. 计算、分析、预测

19. 下列各项中,属于时期指标的有(　　)。
    A. 商品库存量　　　　　　B. 职工人数
    C. 商品销售额　　　　　　D. 销售利润
    E. 工业总产出

20. 下列各项中,属于质量指标的有(　　)。
    A. 粮食平均亩产　　　　　B. 人口密度
    C. 企业增加值　　　　　　D. 人口中的男女比例
    E. 某班级女生占全班同学的比重

21. 统计的含义包括(　　)。
    A. 统计工作　　　　　　　B. 统计指标
    C. 统计资料　　　　　　　D. 统计学
    E. 统计调查

三、判断题

1. 统计是指对某一现象有关的数据进行搜集、整理、计算和分析等活动。
　　　　　　　　　　　　　　　　　　　　　　　　　　　　　(　　)
2. 统计学是先于统计工作而发展起来的。　　　　　　　　　(　　)
3. 指标是说明总体特征的,而标志是说明总体单位特征的。　(　　)
4. 品质标志是不能用数值表示的。　　　　　　　　　　　　(　　)
5. 总体的同质性和总体单位的变异性是进行统计核算的条件。(　　)
6. 标志的具体表现是在标志名称之后所表明的属性。　　　　(　　)
7. 对有限总体只能进行全面调查。　　　　　　　　　　　　(　　)
8. 总体的同质性是指总体中的各个单位在所有标志上都相同。(　　)
9. 有限总体是指总体中的单位数是有限的。　　　　　　　　(　　)

10. 某工业企业作为总体单位时,该企业的工业增加值是数量标志;若该企业作为总体,则企业的工业增加值是统计指标。( )
11. 总体与总体单位,标志与指标的划分都具有相对性。( )
12. 在科学实验环境下取得的数据是观测数据。( )
13. 类型变量可以说明现象的大小、高低和优劣。( )
14. 标志是说明总体特征的,指标是说明总体单位特征的。( )
15. 时点指标的数值可以直接相加,而时期指标数值不能直接相加。( )
16. 类型变量具有数值特征。( )
17. 标志和指标可以转换,但前提是总体和总体单位可以相互转换。( )
18. 描述统计是研究如何利用样本数据推断总体数据的统计方法。( )
19. 总体分为有限总体和无限总体。( )
20. 可变化的数量标志属于变量,品质标志不属于变量。( )

四、思考题

1. 统计的含义有哪几方面?
2. 什么是统计学?
3. 统计数据分哪几种类型?不同数据类型各有什么特点?
4. 标志和指标的区别和联系是什么?
5. 类型变量和顺序变量的区别和相同点是什么?
6. 统计在经济领域应用于哪几个方面?
7. 时期指标和试点指标有什么区别?
8. 一项调查表明,消费者每月在网上购物的平均花费是 800 元,请回答下列问题:
   (1) 这一研究的总体是什么?
   (2) "消费者在网上购物的原因"是分类变量、顺序变量还是数值变量?

(3)"消费者每月在网上购物的平均花费 800 元"是参数还是统计量？

(4)研究者所使用的主要方法是描述统计还是推断统计？

9. 连续变量和离散变量如何区分？

10. 统计指标体系的作用表现在哪几个方面？

11. 当前,我国国民经济统计指标体系有哪几个？每个指标体系的核心指标是什么？

12. 经济指标是哪几大描述的统称？

13. 什么是统计指标？主要分哪几种？

第二章 统计数据的搜集

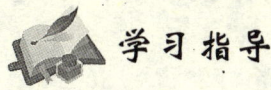 学习指导

统计分析离不开数据,本章主要介绍搜集数据方法,统计调查方案的设计,各种调查方法的结合运用。

章　节	主　要　内　容	学　习　要　点
第一节 统计调查的概念、作用和种类	统计调查概念,三个作用	重点掌握统计调查,在经济工作中的意义和作用,调查的客观要求,调查种类
第二节 统计调查方案的设计	调查方案如何设计?主要包括哪几个内容	主要掌握一个完整的调查方案如何设计,如何设计好调查方案
第三节 统计调查的基本方法	本节主要介绍专门组织的调查中的几种方法,每种方法的应用场合,如何结合运用	重点掌握各种专门调查的应用场合,重点,典型调查与抽查调查的相同点,不同点

 本章习题

一、单项选择题

1. 统计的工作过程一般包括(　　)。
   A. 普查　　　　　　　　　B. 抽样调查
   C. 重点调查　　　　　　　D. 典型调查

2. 统计调查所搜集的资料包括原始资料和次级资料两种,原始资料与次级资料的关系是(   )。

    A. 次级资料是从原始资料过渡来的
    B. 二者不相干
    C. 原始资料就是次级资料
    D. 次级资料在质量上次于原始资料

3. 统计调查有全面调查和非全面调查之分,它们划分的标志是(   )。

    A. 是否进行登记、计量
    B. 是否按期填写调查表
    C. 是否制订调查方案
    D. 是否对所有组成总体的单位进行逐一调查

4. 全面调查是对构成调查对象的所有单位进行逐一的调查,因此,下述调查中,属于全面调查的是(   )。

    A. 就全国钢铁生产中的重点单位进行调查
    B. 对全国的人口进行普查
    C. 到某棉花生产地了解棉花收购情况
    D. 抽选一部分单位对已有的资料进行复查

5. 按调查登记的时间是否连续,统计调查可分为连续调查和不连续调查。下述调查中,属于连续调查的是(   )。

    A. 每隔 10 年进行一次人口普查
    B. 对 2006 年大学毕业生分配状况的调查
    C. 对近年来物价变动情况进行一次摸底的调查
    D. 按旬上报钢铁生产量

6. 调查单位与报告单位的关系是(   )。

    A. 二者是一致的

B. 二者有时是一致的

C. 二者没有关系

D. 调查单位大于报告单位

7. 对某省饮食业从业人员的健康状况进行调查,调查单位是该省饮食业的(　　)。

　A. 全部网点　　　　　　　B. 每个网点

　C. 所有从业人员　　　　　D. 每个从业人员

9. 我国的统计报表(　　)。

　A. 都是全面统计报表

　B. 目前大多是全面统计报表

　C. 目前大多是非全面统计报表

　D. 只有个别单位填报

10. 统计报表报送周期不同,报表所反映的指标项目有不同的详细程度。一般来说,周期越短,则报告的指标(　　)。

　A. 越多　　　　　　　　　B. 可能多也可能少

　C. 越少　　　　　　　　　D. 是固定的

11. 对1990年6月30日24时的全国人口进行逐一调查,这是(　　)。

　A. 定期调查方式

　B. 统计报表制度

　C. 普查

　D. 典型调查

12. 抽样调查与典型调查都是非全面调查,二者的根本区别在于(　　)。

　A. 灵活程度不同

　B. 组织方式不同

　C. 作用不同

D. 选取调查单位的方法不同

13. 通过调查鞍钢、武钢等几个大钢铁基地，了解我国钢铁生产的基本状况。这种调查方式是（　　）。

   A. 典型调查　　　　　　　　B. 重点调查
   C. 抽样调查　　　　　　　　D. 普查

14. 统计调查可以分为统计报表制度和专门调查，划分的依据是调查的（　　）。

   A. 内容　　　　　　　　　　B. 领导机关
   C. 组织方式　　　　　　　　D. 报告单位

15. 如果调查对象是全部工业企业，则调查单位是（　　）。

   A. 每一工业企业中的每个职工
   B. 每一工业企业中的厂长
   C. 每一工业企业中的每个车间
   D. 每一工业企业

16. 典型调查是从被调查对象中（　　）。

   A. 按照随机原则选取若干单位进行调查
   B. 按照调查目的有意识地选取若干处于较好状态的单位进行调查
   C. 按照随机原则选取若干具有代表性的单位进行调查
   D. 按照调查目的有意识地选取若干具有代表性的单位进行调查

17. 全面统计报表是一种（　　）的调查方法。

   A. 专门组织　　　　　　　　B. 就重点单位进行
   C. 报告法　　　　　　　　　D. 主观选择调查单位

18. 下列各项中，属于专门调查的是（　　）。

   A. 普查　　　　　　　　　　B. 非全面调查
   C. 全面调查　　　　　　　　D. 专业统计报表

19. 调查时间是指（   ）。
    A. 调查工作开始的时间
    B. 调查工作起止的时间
    C. 调查资料所属的时间
    D. 调查工作结束的时间

20. 在统计分析中，需要已婚人口数和未婚人口数指标，则相应的调查标志是（   ）。
    A. 婚姻状况
    B. 已婚人口数
    C. 未婚人口数
    D. 已婚及未婚人口数

21. 下列各项中，属于一次性调查的是（   ）。
    A. 全国实有耕地面积
    B. 职工家庭收入与支出的变化
    C. 商品购销季节变化
    D. 单位产品成本变动

22. 普查是专门组织的（   ）。
    A. 经常性全面调查
    B. 一次性全面调查
    C. 一次性非全面调查
    D. 经常性非全面调查

23. 区别重点调查与典型调查的标志是（   ）。
    A. 调查单位的多少不同
    B. 搜集资料的方法不同
    C. 确定调查单位的标准不同

D. 确定调查单位的目的不同

24. 抽样调查和重点调查都是非全面调查,二者的根本区别在于( )。

    A. 灵活程度不同

    B. 组织方式不同

    C. 作用不同

    D. 选取单位方式不同

25. 调查对象是指( )。

    A. 所要调查的总体

    B. 进行调查的标志承担者

    C. 提供调查资料的单位

    D. 组成统计总体的基本单位

26. 某市工业企业 2013 年生产经营成果年报呈报时间规定在 2014 年 1 月 31 日,则调查期限为( )。

    A. 1 日   B. 1 个月

    C. 1 年   D. 13 个月

27. 在重点调查中,重点单位是指( )。

    A. 标志总量在总体中占有很大比重的单位

    B. 具有典型意义或代表性的单位

    C. 那些具有反映事物属性差异的品质标志的单位

    D. 能用于推算总体标志总量的单位

28. 在生产过程中,对产品的质量检查和控制应该采用( )。

    A. 普查   B. 重点调查

    C. 典型调查   D. 抽样调查

29. 调查期限是指( )。

    A. 调查资料所属的时间

B. 进行调查登记工作开始到结束的时间

C. 调查工作登记的时间

D. 调查资料的报送时间

30. 下列资料术语中,属于原始记录的是(　　)。

　　A. 统计台账　　　　　　　　B. 个人生产记录

　　C. 汇总表　　　　　　　　　D. 整理表

31. 入户访问的优点之一是(　　)。

　　A. 易于进行质量控制和调查较为复杂的项目

　　B. 访问成功率比较高

　　C. 调查的成本不高

　　D. 调查的速度快

32. 街头拦截面访的缺点之一是(　　)。

　　A. 问卷长度比较长

　　B. 费用比较高

　　C. 效率不高

　　D. 搜集的数据对总体的代表性不强

33. 对某市自行车进行普查,调查对象是(　　)。

　　A. 该市每一个拥有自行车的人

　　B. 该市所有拥有自行车的人

　　C. 该市所有自行车

　　D. 该市每一辆自行车

34. 对该市自行车进行普查,调查单位是(　　)。

　　A. 该市每一个拥有自行车的人

　　B. 该市所有拥有自行车的人

　　C. 该市所有自行车

D. 该市每一辆自行车

35. 对该市自行车进行普查,报告单位是（　　）。

    A. 该市每一个拥有自行车的人

    B. 该市所有拥有自行车的人

    C. 该市所有自行车

    D. 该市每一辆自行车

36. 为了了解职工的业余生活,某市统计局欲对该市职工 2013 年 8 月 15 日至 21 日一周的时间安排进行调查。此项调查宜采用（　　）。

    A. 普查　　　　　　　　　　B. 重点调查

    C. 典型调查　　　　　　　　D. 抽样调查

37. 某市统计局欲对该市职工 2013 年 8 月 15 日至 21 日一周的时间安排进行调查,调查对象是（　　）。

    A. 该市全部职工

    B. 该市每个职工

    C. 该市职工的业余时间

    D. 该市职工的业余时间的支配情况

38. 某市统计局欲对该市职工 2013 年 8 月 15 日至 21 日一周的时间安排进行调查。要求此项调查 9 月底完成。调查时间是（　　）。

    A. 8 月 15 日　　　　　　　B. 8 月 15 日至 21 日

    C. 8 月底　　　　　　　　　D. 9 月底

39. 要了解某商场电冰箱的库存情况,应采用（　　）。

    A. 普查　　　　　　　　　　B. 现场观察法

    C. 问卷法　　　　　　　　　D. 访谈法

40. 人口普查规定的标准时间是为了（　　）。

    A. 将来登记资料具有可比性　B. 登记方便

C. 避免登记重复和遗漏   D. 确定调查单位

二、多项选择题

1. 非全面调查是仅对一部分调查单位进行调查的调查种类。下列各项中，属于非全面调查的有（ ）。
   A. 重点调查   B. 抽样调查
   C. 典型调查   D. 全面统计报表
   E. 定期调查

2. 制订一个周密的统计调查方案，应包括的内容有（ ）。
   A. 确定调查目的   B. 确定调查对象
   C. 确定标志性质   D. 确定资料的使用范围
   E. 确定调查项目

3. 全面统计报表是一种（ ）。
   A. 全面调查方法   B. 报告法调查
   C. 经常性调查方法   D. 一次性调查方法
   E. 快速调查方法

4. 通过调查鞍钢、首钢、宝钢等几个大钢铁基地来了解我国钢铁产业的基本状况，这种调查属于（ ）。
   A. 典型调查   B. 重点调查
   C. 抽样调查   D. 普查
   E. 非全面调查

5. 重点调查是一种（ ）。
   A. 统计报表制度
   B. 非全面调查
   C. 就重点单位进行的调查

D. 可用于经常性调查也可用于一次性调查的调查方法

E. 能够大致反映总体基本情况的调查方法

6. 重点调查的实施条件是(　　)。

   A. 所研究的问题比较重要

   B. 没有能力进行全面调查

   C. 重点单位的标志值在总体中占绝大比重

   D. 调查目的不要求掌握全面数据,只需了解基本状况和发展趋势,调查少数重点单位能满足需要

   E. 经费充裕

7. 抽样调查的特点包括(　　)。

   A. 是一种非全面调查

   B. 按照随机原则抽选调查单位

   C. 根据样本的资料推断总体的数值

   D. 是一种定期进行的调查

   E. 与典型调查相似

8. 统计调查按组织方式的不同,可分为(　　)。

   A. 全面调查　　　　　　　　B. 专门调查

   C. 非全面调查　　　　　　　D. 经常性调查

   E. 统计报表

9. 统计调查方案的主要内容有(　　)。

   A. 确定调查目的

   B. 确定调查时间和期限

   C. 确定调查单位、调查对象和报告单位

   D. 确定调查项目和调查表

   E. 确定调查的组织计划

10. 计算机辅助电话访问(CATI)的优势有( )。

    A. 能够建立良好的跳问模式　　B. 能够当场对数据进行审核

    C. 可以减少访问误差　　　　　D. 支持程序问卷的再使用

    E. 访问速度比较快

11. 在全国工业企业普查中,( )。

    A. 全国工业企业数是调查对象

    B. 全国每一个工业企业是调查单位

    C. 全国每一个工业企业是报告单位

    D. 工业企业的所有制关系是变量

    E. 每个工业企业的职工人数是变量

12. 在工业企业设备调查中,( )。

    A. 所有的工业企业是调查对象

    B. 工业企业的所有设备是调查对象

    C. 每台设备是调查单位

    D. 每台设备是报告单位

    E. 每个工业企业是报告单位

13. 下列统计调查术语中,属于非全面调查的有( )。

    A. 统计报表　　　　　　　　　B. 重点调查

    C. 典型调查　　　　　　　　　D. 抽样调查

    E. 普查

14. 下列调查方式中,属于面谈访问的有( )。

    A. CAPI　　　　　　　　　　　B. 邮寄调查

    C. 电话访问　　　　　　　　　D. 入户调查

    E. 街上拦截访问

15. 原始记录必须具备的特点有( )。

A. 时效性 B. 最初性
C. 准确性 D. 直接性
E. 可操作性

16. 统计台账的特点有（　　）。
    A. 按时间的顺序对统计资料进行登记
    B. 是一种账册
    C. 多是按空间排列进行的一次性的汇总
    D. 随着时间的进程不断循序地汇总或积累资料
    E. 只在生产班组设置

17. 统计调查方案的主要内容包括（　　）。
    A. 调查目的 B. 调查对象
    C. 调查时间 D. 调查地点
    E. 调查单位

18. 普查是（　　）。
    A. 非全面调查
    B. 专门调查
    C. 全面调查
    D. 经常性调查
    E. 一次性调查

19. 专门组织的调查形式有（　　）。
    A. 普查 B. 统计报表
    C. 重点调查 D. 典型调查
    E. 抽样调查

20. 全面调查包括（　　）。
    A. 普查 B. 重点调查

C. 统计报表   D. 典型调查

E. 抽样调查

三、判断题

1. 我国人口普查每 5 年进行一次。（ ）
2. 重点调查是为了了解现象的基本情况。（ ）
3. 在统计调查中，调查单位和报告单位有时是一致的。（ ）
4. 抽样调查是从总体中有意识地抽选调查单位。（ ）
5. 全面调查与非全面调查是根据调查结果所取得的资料是否全面来划分的。（ ）
6. 学校给学生发放问卷来了解情况属于采访法。（ ）
7. 《统计法》是国家制定的法律，统计报表时必须填报。（ ）
8. 抽样调查是最有科学依据的调查方法。（ ）
9. 重点调查是专门组织的一次性的非全面调查。（ ）
10. 普查是专门组织的经常性的全面调查。（ ）

四、思考题

1. 重点调查、典型调查与抽样调查的相同点和不同点是什么？
2. 简述普查和抽样调查的特点。
3. 一个完整的调查方案应包括几个内容？
4. 什么是调查对象和调查单位？二者的区别是什么？
5. 统计调查的作用有哪些？

第三章　统计数据的整理

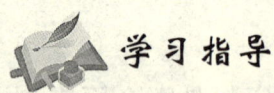

学习指导

本章重点掌握资料整理的主要方法和统计分组法,特别是分配数列中的变量数列的辨别方法,组中值的概念和计算,统计表和统计图的应用。

章　节	主　要　内　容	学　习　要　点
第一节　资料整理的一般问题	资料整理的内容、审核、分类	主要掌握资料整理内容,如何审核资料
第二节　统计分组	分组的作用,分组的方法、原则	重点掌握分组的方法、作用,分组标志的选择
第三节　分配数列	分配数列的概念构成要素,分配数列的种类	主要掌握分配数列的概念、构成要素,特别是要掌握好变量数列的种类,组中值的计算,次数分布的类型
第四节　统计数据的展示	统计表的构成、种类,各种统计图	主要掌握统计表的种类、构成,各种统计图的应用场合

本章习题

一、单项选择题

1. 按一定标志分组后,分在各组的用绝对数表示的各组单位数称为( )。

A. 频率 B. 累计频率

C. 次数 D. 累计次数

2. 分组后,各组的总体单位数占总体数的比重称为( )。

A. 频数 B. 比例

C. 累计频率 D. 频率

3. 按照反映事物属性差异的品质标志进行分组称为按品质标志分组。下述分组中,属于这一类的是( )。

A. 人口按年龄分组

B. 在校学生按性别分组

C. 职工按工资水平分组

D. 企业按职工人数规模分组

4. 按数量标志分组的关键是确定( )。

A. 变量值的大小 B. 组数

C. 组中值 D. 组距

5. 全国总人口按年龄分为5组,这种分组方法属于( )。

A. 简单分组 B. 复合分组

C. 按品质标志分组 D. 以上都不对

6. 对某校学生先按年级分组,在此基础上再按年龄分组,这种分组方法是( )。

A. 简单分组 B. 复合分组

C. 再分组 D. 平行分组

7. 对某校学生分别按年级和年龄分组,由此形成的分组体系是( )。

A. 平行分组体系 B. 复合分组体系

C. 二者兼而有之 D. 二者都不是

8. 组距数列中的上限一般是指(　　)。

   A. 本组变量的最大值

   B. 本组变量的最小值

   C. 总体内变量的最大值

   D. 总体内变量的最小值

9. 组距和组数是组距数列中的一对基本要素,当变量的全距一定时,组距和组数(　　)。

   A. 没有关系　　　　　　　　B. 关系不确定

   C. 有正向关系　　　　　　　D. 有反向关系

10. 等距数列和异距数列是组距数列的两种形式,其中等距数列是指(　　)。

    A. 各组次数相等的数列

    B. 各组次数不等的数列

    C. 各组组距相等的数列

    D. 各组组距不等的数列

11. 用离散变量作分组标志时,相邻组的上下限应(　　)。

    A. 重合　　　　　　　　　　B. 间断

    C. 不相等　　　　　　　　　D. 相等

12. 某企业职工月工资收入最高者为4 260元,最低者为2 700元,据此分为6个组,形成闭口式等距数列,则组距应为(　　)。

    A. 710　　　　　　　　　　B. 260

    C. 1 560　　　　　　　　　D. 3 480

13. 在组距数列中,对各组的上限与下限进行简单平均,得到的是(　　)。

    A. 组中值　　　　　　　　　B. 组平均数

    C. 组距　　　　　　　　　　D. 组数

14. 在组距数列中,用组中值代表组内变量值的一般水平,是因为(　　)。
    A. 组内各变量值是相等的
    B. 组中值比组平均数更具有代表性
    C. 组中值和组平均数是一致的
    D. 不可能得到组平均数

15. 在分组中,如遇到某单位的标志值刚好等于相邻两组上下限数值时,一般是(　　)。
    A. 将此标志值单列一组
    B. 将此标志值归入作为上限的那一组
    C. 将此标志值归入作为下限的那一组
    D. 将此标志值归入作为上限的组或下限的组均可

16. 将企业按资产总额分组,使用的分组形式为(　　)。
    A. 单项式分组
    B. 组距式分组
    C. 既可以是单项式分组,又可以是组距式分组
    D. 以上三项均不对

17. 企业按资产总额分组(　　)。
    A. 只能使用单项式分组
    B. 只能使用组距式分组
    C. 可以单项式分组,也可以组距式分组
    D. 无法分组

18. 某连续变量数列,其末组为开口组,下限为200,又知其邻组的组中值为170,则末组的组中值为(　　)。
    A. 260   B. 215
    C. 230   D. 285

19. 统计整理主要是整理(　　)。

    A. 历史统计资料

    B. 统计分析资料

    C. 原始调查资料

    D. 综合统计资料

20. 简单分组与复合分组的主要区别在于(　　)。

    A. 分组对象的复杂程度不同

    B. 分组组数的多少不同

    C. 各自采用分组标志的个数不同

    D. 分组的目的和方式不同

21. 分配数列包含两个组成要素,即(　　)。

    A. 分组标志和组距　　　　　B. 分组和次数

    C. 分组标志和次数　　　　　D. 分组和表式

22. 划分组限时相邻组的上下限如重叠,则(　　)。

    A. 与上限相等的标志值计入上一组

    B. 与下限相等的标志值计入下一组

    C. 与上限相等的标志值计入下一组

    D. 与下限相等的标志值计入上一组

23. 在分配数列中,频数是指(　　)。

    A. 各组单位数与总单位数之比　　B. 各组分布次数的比率

    C. 各组单位数之比　　　　　　　D. 各组频率与总体频率之比

24. 将某地区 30 个商店按零售额多少分组而编制的分配数列,其变量值是(　　)。

    A. 零售额　　　　　　　　　B. 商店数

    C. 各组的零售额　　　　　　D. 各组的商店数

25. 在连续数列中,如果变量值正好在组限上,该变量值的次数划分原则是(   )。

   A. 次数应划在上组限一组

   B. 上组限不在内的原则

   C. 上组限在内的原则

   D. 划在上一组、下一组都可以

26. 在变量数列中,各组的次数与总次数之比称为(   )。

   A. 频数   B. 比例

   C. 频率   D. 累计次数

27. 下列图形中,适合总体的各部分结构的是(   )。

   A. 线图   B. 直方图

   C. 饼图   D. 条形图

28. 组中值是(   )。

   A. 一个组的上限与下限之差

   B. 一个组的最大值

   C. 一个组的最小值

   D. 一个组上限与下限的中点值

29. 将全部变量值划分为若干个区间,并将这一区间的变量值作为一组,这样分组称为(   )。

   A. 单项分组

   B. 连续分组

   C. 组距分组

   D. 等距分组

30. 对于大批量的数据,最适合于描述其分布的图形是(   )。

   A. 条形图   B. 茎叶图

C. 直方图　　　　　　　　D. 饼图

二、多项选择题

1. 统计分组是将统计总体按一定标志区分为若干部分的统计方法,(　　)。

    A. 它是统计研究中的基本方法

    B. 它是在统计总体内部进行的

    C. 它是在统计总体之间进行的

    D. 它对总体而言是分

    E. 它对个体而言是合

2. 统计分组有按品质标志分组和按数量标志分组两种,下述人口总体分组中,属于按数量标志分组的有(　　)。

    A. 按性别分组　　　　　　B. 按年龄分组

    C. 按文化程度分组　　　　D. 按收入水平分组

    E. 按居住地区分组

3. 指出下表表示的分布数列的类型是(　　)。

按劳动生产率分组(件/人)	职工人数(人)
50～60	5
60～70	10
70～80	20
80～100	15
合　计	50

    A. 品质数列　　　　　　　B. 变量数列

    C. 组距数列　　　　　　　D. 不等距数列

    E. 等距数列

4. 对一些企业按计划完成程度不同分为三组:第一组为 80%~100%,第二组为 100%~120%,第三组为 120%以上,则(　　)。

　　A. 若将上述各组组别及次数依次排列,就是变量分布数列

　　B. 该数列的变量属于连续变量,所以相邻组的组限必须重叠

　　C. 此类数列只能是等距数列,不可能采取易距数列

　　D. 各组的上限分别为 80%,100%,120%,某企业计划完成 100%应归第一组

　　E. 各组的下限分别为 80%,100%,120%,某企业计划完成 100%应归第二组

5. 某地区 2011—2013 年粮食产量如下表所示。

项　目	2011 年	2012 年	2013 年
粮食总产量(万千克)	11 130	1 240	11 280
粮食作物耕地面积(万亩)	41	42	41
亩产(千克/亩)	271.4	267.6	275.1

该表属于(　　)。

　　A. 简单表

　　B. 简单分组表

　　C. 调查表

　　D. 分析表

　　D. 时间数列表

6. 下列分组中,按数量标志分组的有(　　)。

　　A. 企业按所有制分组

　　B. 企业按产值分组

　　C. 企业按工人数分组

D. 企业按计划完成程度分组

E. 企业按隶属关系分组

7. 统计分组是(　　)。

   A. 在统计总体内进行的一种定性分类

   B. 在统计总体内进行的一种定量分类

   C. 将同一总体区别为不同性质的组

   D. 把总体划分为一个个性质不同的、范围更小的总体

   E. 将不同的总体划分为性质不同的组

8. 在次数分配数列中,(　　)。

   A. 总次数一定,频数和频率成反比

   B. 各组的频数之和等于100

   C. 各组频率大于0,频率之和等于1

   D. 频数越小,则该组的标志值所起的作用越小

   E. 频率又称为次数

9. 下列各项中,按品质标志分组的有(　　)。

   A. 工厂按产值计划完成程度分组

   B. 学生按健康状况分组

   C. 企业按所有制分组

   D. 职工按工龄分组

   E. 职工按文化程度分组

10. 统计整理的内容包括(　　)。

    A. 对原始资料进行审核与检查

    B. 对各项指标进行分组综合汇总

    C. 编制统计表与分析表

    D. 对统计资料进行系统积累

E. 与上期资料进行对比,分析发展变化情况

11. 保送统计资料的组织形式有(　　)。

    A. 邮寄报送

    B. 电话报送

    C. 计算机远程传输

    D. 使用磁介质报送

    E. 网上直报

12. 选择分组标志应考虑(　　)。

    A. 研究目的与任务

    B. 能反映事物本质或主要特征

    C. 现象所处历史条件与经济条件

    D. 与过去的分组标志一致

    E. 现象之间的依存关系

13. 组中值的计算公式为(　　)。

    A. 组中值＝(上限＋下限)÷2

    B. 组中值＝上限＋下限÷2

    C. 组中值＝上限÷2＋下限

    D. 组中值＝下限＋(上限－下限)÷2

    E. 组中值＝上限－(上限－下限)÷2

14. 将模版学生的统计学考试成绩分为 60 分以下、60～70 分、70～80 分、80～90 分、90～100 分共 5 个值,下列说法中,正确的有(　　)。

    A. 某学生的成绩如果是 80 分,他应归入 70～80 分这一组

    B. 第一组的假定下限是 50 分

    C. 相邻组组限是重叠的

    D. 第三组组中值为 75 分

E. 它属于等距分值

15. 在某厂工人按日产量（件）分组的变量数列中，下面说法中，正确的有（　　）。

    A. "日产量"是分组的数量标志

    B. 各组工人的日产量数值是变量值或标志值

    C. 各组的工人数是次数或频数

    D. 各组工人数的比重是频率

    E. 分组变量是离散变量

16. 按所起作用不同，统计表可分为（　　）。

    A. 调查表　　　　　　　　B. 汇总表

    C. 简单表　　　　　　　　D. 复合分组表

    E. 分析表

17. 统计整理的基本方法包括（　　）。

    A. 分组　　　　　　　　　B. 汇总

    C. 编制统计图表　　　　　D. 计算机录入

    E. 计算指标图

18. 统计表组成部分包括（　　）。

    A. 表头　　　　　　　　　B. 行标题

    C. 纵标题　　　　　　　　D. 数字资料

    E. 表外附加

19. 确定组距时，（　　）。

    A. 要考虑各组的划分是否能区分总体内各组组成部分的性质差别

    B. 要能准确清晰地反映总体单位的分布特征

    C. 在研究的现象比较均匀时，可采取等距分组

    D. 在研究的现象不均匀时，可采取不等距分组

E. 各组的下限一般不包括在本组当中

20. 下列各项中,可以用来考察一组数据的分布特征的有( )。
    A. 集中趋势　　　　　　　B. 离散趋势
    C. 分布规律　　　　　　　D. 准确程度
    E. 数字特征

三、判断题

1. 统计整理仅指对原始资料的整理。( )
2. 统计分组是统计整理的第一步。( )
3. 分组标志是将统计总体区分为不同性质的组的依据。( )
4. 根据数量标志下的各变量值,很容易就能判断出现象性质上的差异。( )
5. 各组次数占总体次数的比值通常称为频数。( )
6. 某一变量分为下述两组:15~20,21~25,由此可以判断该变量为一连续变量。( )
7. 用组中值可近似地表示一组中各个体变量值的一般水平。( )
8. 用统计表表示次数分布,各组频率相加之和应等于100%。( )
9. 统计表是表达统计整理结果的唯一形式。( )
10. 统计分组实际上是通过分组保持组内统计资料的同质性和组件统计资料的差异性。( )
11. 复合分组就是选择两个或两个以上的分组标志对同一总体进行的并列分组。( )
12. 统计分组的关键问题是确定组距和组数。( )
13. 统计分组的关键是选择分组标志和划分各组界限。( )
14. 统计整理是统计由对个别现象的认识上升到对总体现象认识的一个重

要阶段,它在统计工作中起着承前启后的作用。　　　　　　（　　）
15. 统计资料整理就是对各项指标进行综合汇总,并按要求进行各种分组。
　　　　　　　　　　　　　　　　　　　　　　　　　　（　　）
16. 统计分组是根据研究的任务和对象的特点,按照某种分组标志将统计总体分为若干组成部分。　　　　　　　　　　　　　　　　（　　）
17. 将同一总体选择两个或两个以上的标志重叠起来进行分组,就是复合分组。　　　　　　　　　　　　　　　　　　　　　　　　（　　）
18. 平行分组体系是要按照主要标志和次要标志对总体进行多次分组。
　　　　　　　　　　　　　　　　　　　　　　　　　　（　　）
19. 简单分组就是用简单标志进行的分组。　　　　　　　　（　　）
20. 对连续变量数列,既可以编制成单项式变量数列,也可以编制成组距式变量数列。　　　　　　　　　　　　　　　　　　　　　（　　）
21. 在同一变量数列中,组数与组距成正比关系。　　　　　（　　）
22. 分布(分配)数列是反映总体各单位分配情况的数列。　（　　）
23. 在划分组限时,相邻组的上下限如果重叠,则与上限相等的标志值应该计入一组。　　　　　　　　　　　　　　　　　　　　　　（　　）
24. 统计表的内容可分为主词和宾词两部分,前者是说明总体的统计指标,后者是统计表所要说明的总体。　　　　　　　　　　　　（　　）
25. 对数据进行逻辑性审查,就是利用逻辑理论检查指标之间或数据之间是否有矛盾。　　　　　　　　　　　　　　　　　　　　　　（　　）
26. 在统计分组中,频数实际上是各组标志值的加权,用于权衡各组作用的大小。　　　　　　　　　　　　　　　　　　　　　　　（　　）
27. 所谓统计分布,就是按顺序列出各组标志变量和相应的频率。（　　）
28. 按品质标志分组可以将总体划分为若干类型。　　　　　（　　）
29. 统计汇总主要是计算标志总量。　　　　　　　　　　　（　　）

30. 组距式分组中每组包含多个变量值。　　　　　　　　　（　）
31. 统计分布是指总体中各个单位在各组间的分布。　　　（　）
32. 变量分布中，各组的频率均大于 0 小于 1。　　　　　　（　）
33. 目前，对于大量统计资料，一般使用计算机汇总。　　（　）
34. 统计表的格式一般是"开口"式的，表的左右两端不画纵线。（　）
35. 钟形分布的特征是两头大、中间小。　　　　　　　　　（　）
36. 组中值是该组所有变量值的平均数。　　　　　　　　　（　）
37. 统计表是我国搜集数据最主要的方法。　　　　　　　　（　）
38. 直方图是用直方形的宽度和高度表示次数分布的图形。（　）
39. 饼图适用于表示总体中各组成部分所占的比重。　　　（　）
40. 线形图适用于显示变量值在不同时间上的差异。　　　（　）

四、思考题

1. 什么是统计分组？其作用是什么？
2. 什么是变量数列？它有几个构成要素？
3. 什么是"上组限不在内的原则"？
4. 次数分布的类型主要有几种？
5. 变量数列包括几种？等距数列和不等距数列的应用场合是什么？
6. 直方图与条形图有什么区别？
7. 统计表是由几部分构成的？什么是主词和宾词？
8. 组中值的计算方式有几个？
9. 统计分组的原则是什么？

五、综合应用题

1. 某企业工人日产量资料如下表所示。

日产量分组(件)	工人数(人)
50~60	6
60~70	12
70~80	12
80~90	14
90~100	15
100~110	18
110~120	22
120~130	8
合 计	107

(1) 上述数列属于(　　)。

　　A. 变量数列

　　B. 品质数列

　　C. 不等距数列

　　D. 等距数列

(2) 上述数列中的变量是(　　)。

　　A. 日产量

　　B. 工人数

　　C. 日产量的具体数值

　　D. 工人数的具体数值

(3) 上述数列中的工人数是(　　)。

　　A. 变量

　　B. 频数

　　C. 变量值

D. 分组标志

(4) 各组的频率分别为(　　)。

A. 6　12　12　14　15　18　22　8

B. 55　65　75　85　95　105　115　125

C. 6%　11%　11%　13%　14%　17%　17%　21%　7%

D. 60　70　80　90　100　110　120　130

2. 某工业局所属 20 个企业 2013 年工业总产出计划完成百分比如下(%)：

104　109　101　97　99　105　109　96　94　103

107　98　105　98　104　106　95　111　107　110

要求：以计划完成百分比为分组标志，作如下分组：100%以下，100%～105%，105%～108%，109%以上。

(1) 编制变量数列，并计算出每组的频率和累计频率。

(2) 指出该数列是连续数列还是不连续(离散)数列。

(3) 计算该数列中每组的组中值。

3. 某班统计学考试成绩统计表如下。

成　绩	人　数(人)	各组人数占总人数比重(%)
60 分以下	4	
60～70 分	8	
70～80 分	12	
80～90 分	9	
90～100 分	5	
合　计	38	

(1) 计算出各组的频率和累计频率。

(2) 根据上述成绩表，绘制直方图。

3. 某大型商场店员按服务质量等级分组如下。

服务质量等级	人数	频率
A	14	14
B	21	21
C	32	32
D	18	18
E	15	15
合 计	100	

要求:绘制出服务质量的条形图。

第四章 静态分析指标——数据描述

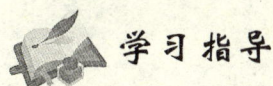 学习指导

本章主要理解各种静态指标在认识事物中的作用;它的分类;时期指标和时点指标的特点;相对描述的种类和对比关系;各种平均的计算和应用场合;标志变异指标的种类和计算。本章的主要内容和学习要点列表如下。

章 节	主 要 内 容	学 习 要 点
第一节 绝对指标	概念、作用、种类、统计方法、计量单位	重点掌握绝对指标的种类,标志总量和总体总量如何区分,时期、时点指标如何判断,两种指标的特点
第二节 相对指标	概念、表现形式,相对指标的种类,每种的作用,相对指标的运用原则	重点掌握时期和时点指标的特点,各种相对指标的对比关系和计算及运用原则
第三节 分布的集中趋势	各种平均数的作用,计算方法,各种平均数的比较	重点掌握加权算术平均和条件、计算方法,调和平均数的应用条件,集合平均数的应用场合和计算,众数和中位数的计算,各种平均数的比较
第四节 分布的离中趋势	标志变异指标的概念、种类、应用条件	重点掌握各种标志变异指标的比较、计算,特别是标准差和标准差系数的计算、应用场合和条件

 本章习题

一、单项选择题

1. 统计指标反映的是（　　）。

    A. 总体现象的数量特征

    B. 总体现象的社会特征

    C. 个体现象的数量特征

    D. 个体现象的社会特征

2. 总量指标（　　）。

    A. 能从无限总体中计算出来

    B. 数值大小与总体和范围无关

    C. 与数学中的绝对数是一个概念

    D. 反映一定时间、地点、条件下某种经济现象的总规模或总水平

3. 质量指标的表现形式是（　　）。

    A. 绝对数

    B. 绝对数和相对数

    C. 绝对数和平均数

    D. 相对数和平均数

4. 总量指标按其反映的时间状况不同，可分为（　　）。

    A. 预计指标和终期指标

    B. 时点指标和时期指标

    C. 基期指标和报告期指标

    D. 先行指标和滞后指标

5. 统计指标体系是由若干个（　　）组成的整体。

A. 相互联系的统计指标

B. 相互矛盾的指标

C. 相互联系的数量指标

D. 相互限制的数量指标

6. 总量指标按其反映的内容不同,可分为(　　)。

   A. 总体指标和个体指标

   B. 时期指标和时点指标

   C. 总体单位总量指标和总体标志总量指标

   D. 总体单位总量指标和标识单位标志

7. 反映同一总体在不同时间上的数量对比关系的是(　　)。

   A. 计划完成程度相对指标

   B. 比较相对指标

   C. 动态相对指标

   D. 比例相对指标

8. 某企业计划规定单位产品成本降低2%,实际降低7%,则其单位成本降低计划完成程度为(　　)。

   A. 102.3%　　　　　　　　B. 94%

   C. 140%　　　　　　　　　D. 94.9%

9. 假设计划任务数是五年计划中规定最后一年应达到的水平,计算计划完成程度相对指标可采用(　　)。

   A. 累计法　　　　　　　　B. 水平法

   C. 简单平均法　　　　　　D. 加权平均法

10. 在不掌握各组单位数资料,只掌握各组标志值和各组标志总量的情况下,若计算平均指标宜采用(　　)。

    A. 加权算术平均数公式

B. 加权调和平均数公式

C. 几何平均数公式

D. 简单算术平均数公式

11. 甲、乙两数列的平均数分别为 100 和 14.5，它们的标准差为 12.8 和 3.7，则（　　）。

    A. 甲数列平均数的代表性高于乙数列

    B. 乙数列平均数的代表性高于甲数列

    C. 两数列平均数的代表性相同

    D. 两数列平均数的代表性无法比较

12. 对于不同水平的总体，若比较其标志变动值，不能直接用标准差，而需分别计算各自的（　　）。

    A. 标准差系数　　　　　　　B. 平均差

    C. 极差　　　　　　　　　　D. 均方差

13. 总量指标按其反映的时间状况不同，可分为（　　）。

    A. 长期指标和短期指标

    B. 当期指标和远期指标

    C. 长期指标、中期指标和短期指标

    D. 时期指标和时点指标

14. 某地区 2013 年 GDP 为 569 亿元；保险业增值为 15 亿元；固定资产投资额为 72 亿元；居民储蓄存款余额为 35 亿元，上述总量指标依次为（　　）。

    A. 时期指标、时点指标、时点指标、时期指标

    B. 时期指标、时期指标、时点指标、时点指标

    C. 时期指标、时期指标、时期指标、时点指标

    D. 时点指标、时期指标、时点指标、时期指标

15. 某企业有职工 1 000 人,职工年工资总额为 2 846.4 万元,要研究该地区 40 个企业状况,则( )。

   A. 1 000 人为总体单位总量、2 846.4 万元为总体标志总量、40 个企业为总体单位总量

   B. 1 000 人为总体标志总量、2 846.4 万元为总体标志总量、40 个企业为总体标志总量

   C. 1 000 人为总体标志总量、2 846.4 万元为总体单位总量、40 个企业为总体单位总量

   D. 1 000 人为总体标志总量、2 846.4 万元为总体标志总量、40 个企业为总体单位总量

16. 下列指标中,属于质量指标的是( )。

   A. 工资总额 81.6 元

   B. 2004 年全省总人口 6 808.75 万人

   C. 期末库存量

   D. 人均 GDP

17. 某工业公司所属三个企业某年实际完成工业总产出分别为 500 万元、700 万元、600 万元,各企业计划完成相对指标分别为 110%、115%、105%。则该公司工业总产出计划完成程度为( )。

   A. $\dfrac{110\% + 115\% + 105\%}{3} \times 100\% = 110\%$

   B. $\dfrac{110\% \times 500 + 115\% \times 700 + 105\% \times 600}{500 + 700 + 600} \times 100\% = 110.3\%$

   C. $\dfrac{500 + 700 + 600}{\dfrac{500}{110\%} + \dfrac{700}{115\%} + \dfrac{600}{105\%}} \times 100\% = 110.1\%$

D. $\dfrac{3}{\dfrac{1}{110\%}+\dfrac{1}{115\%}+\dfrac{1}{105\%}}\times 100\%=109.8\%$

18. 某建设施工队盖一栋大楼,计划 320 天完成,实际 290 天就完成了,则下列各项中,正确的是( )。

    A. 计划完成程度为 90.23%,没完成计划

    B. 计划完成程度为 90.63%,超额 9.37%完成了计划

    C. 计划完成程度为 110.34%,完成了计划

    D. 计划完成程度为 110.34%,超额 10.34%完成了计划

19. 某地区历年固定资产投资情况如下。

指标名称	2010 年	2011 年	2012 年	2013 年
投资额(亿元)	32 917.7	37 213.5	43 499.9	55 566.6

   以 2010 年作为基期,则历年投资的发展速度为( )。

   A. 113.05%   132.15%   168.8%
   B. 13.05%   32.15%   68.8%
   C. 113.05%   116.89%   127.74%
   D. 13.05%   16.89%   27.74%

20. 一组数据中出现次数最多的变量值称为( )。

    A. 中位数   B. 四分位数
    C. 几何平均数   D. 众数

21. 一组数据中最大值与最小值之差称为( )。

    A. 平均差   B. 方差
    C. 极差   D. 标准差

22. 一组数据按顺序排列起来,处于正中间位置上的数值称为( )。

    A. 众数   B. 中位数

C. 四分位数 D. 平均数

23. 各变量值与其算术平均数离差绝对值的算术平均数称为（　　）。
   A. 标准差 B. 平均量
   C. 方差 D. 极差

24. 离散系数的主要用途是（　　）。
   A. 反映一组数据的离散程度
   B. 反映一组数据的平均水平
   C. 反映二个以上总体平均数的代表性大小
   D. 反映一组数据平均数代表大小

25. 次数分布在左偏情况下，众数、中位数、算术平均数的关系是（　　）。
   A. 算术平均数、众数、中位数三者重合
   B. 众数最大，中位数在中间，算术平均数最小
   C. 算术平均数最大，中位数最小，众数最小
   D. 算术平均数最小，中位数居中，众数最大

26. 比较两个总体数据的离散程度最适合的统计量是（　　）。
   A. 极差 B. 平均差
   C. 离散系数 D. 标准差

27. 某班统计学期末考试成绩如下：平均分数是81分，众数是78分，中位数是80分，则该班分数的分布形状为（　　）。
   A. 对称的 B. 左偏
   C. 右偏 D. 无法确定

28. 在比较二组数据平均数代表性大小，不能直接用标准差比较的原因是（　　）。
   A. 二组数据标准差不同 B. 变量个数不同
   C. 平均数大小不同 D. 方差不同

29. 假设一个样本由 5 个数据组成,3、7、8、9、13,该样本的方差为( )。
   A. 8　　　　　　　　　　　　B. 13
   C. 9,7　　　　　　　　　　　D. 10,4

30. 某小区准备采取一项物业管理措施。为此,随机抽取 100 户居民进行调查,其中表示赞成的有 69 户,表示中立的有 22 户,表示反对的有 9 户,描述该数列集中趋势宜采用( )。
   A. 中位数　　　　　　　　　　B. 算术平均数
   C. 众数　　　　　　　　　　　D. 四分位数

二、多项选择题

1. 下列指标中,属于相对指标的有( )。
   A. 工资总额　　　　　　　　　B. 机田台数
   C. 商业网点密度　　　　　　　D. 商品流转次数
   E. 国内生产总值

2. 下列各项中,属于时期指标的有( )。
   A. 职工人数　　　　　　　　　B. 工业总产出
   C. 牲畜存栏数　　　　　　　　D. 商品消费量
   E. 中心学校个数

3. 相对指标的计量单位有( )。
   A. 百分数　　　　　　　　　　B. 千分数
   C. 系数或倍数　　　　　　　　D. 成数
   E. 复名数

4. 时期指标的特点有( )。
   A. 不同时期的指标数值可以相加

B. 不同时期的标志数值不能相加

C. 某时期的指标数值与该期时间长短有直接关系

D. 某时期指标数值的大小与该期时间长短无关

E. 更长时期的指标数值可通过连续相加得到

5. 下列各项中,属于总体标志总量指标的有(　　)。

A. 企业数　　　　　　　　B. 利润总额

C. 产品销售收入　　　　　D. 固定资产原值

E. 工资总额

6. 下列指标中,属于时点指标的有(　　)。

A. 销售额　　　　　　　　B. 设备台数

C. 工业增加值率　　　　　D. 利税总额

E. 库存

7. 下列各项中,属于两个总体之间对比的相对指标的有(　　)。

A. 比较相对指标　　　　　B. 强度相对指标

C. 动态相对指标　　　　　D. 比例相对指标

E. 结构相对指标

8. 下列指标中,属于时点指标的有(　　)。

A. 资产库存　　　　　　　B. 耕地面积

C. 全年出生人口数　　　　D. 进出口总额

E. 年末全国城市数

9. 下列各项中,属于同一总体内部之比的相对指标有(　　)。

A. 计划完成程度相对指标　B. 比较相对指标

C. 动态相对指标　　　　　D. 结构相对指标

E. 强度相对指标

10. 相对指标数值的计量形式有两种:即(　　)。

A. 一种是复名数,另一种是百分数

B. 一种是复名数,另一种是无名数

C. 一种是以百分数、千分数、系数或倍数、成数等表示,另一种是复合数

D. 一种是无名数,另一种是以分子、分母的复合单位计量

E. 一种是系数,另一种是复名数

11. 下列指标中,属于总体单位总量指标的有(   )。

    A. 2008 年北京地区生产总值 10 488 亿元

    B. 2008 年年末北京常住人口 1 695 万人

    C. 2008 年北京城镇居民人均可支配收入 24 725 元

    D. 2008 年北京实现社会消费品零售额 4 589 亿元

    E. 2008 年年末北京市共有卫生机构 6 590 个

12. 下列指标中,属于总体标志总量指标的有(   )。

    A. 2008 年北京地区生产总值 10 488 亿元

    B. 2008 年年末北京常住人口 1 695 万人

    C. 2008 年北京城镇居民人均可支配收入 24 725 元

    D. 2008 年北京实现社会消费品零售额 4 589 亿元

    E. 2008 年年末北京市共有卫生机构 6 590 个

13. 下列指标中,属于时点指标的有(   )。

    A. 2008 年北京地区生产总值 10 488 亿元

    B. 2008 年年末北京常住人口 1 695 万人

    C. 2008 年北京城镇居民人均可支配收入 24 725 元

    D. 2008 年北京实现社会消费品零售额 4 589 亿元

    E. 2008 年年末北京市共有卫生机构 6 590 个

14. 下列指标中,属于同一总体内部之比的相对指标有(   )。

    A. 2008 年第一产业增加值占国内生产总值的比重为 11.3%

B. 2008年全国出生人口性别比为120.56

C. 2007年工业产品销售率98.14%

D. 2005年国有及规模以上非国有工业企业全员劳动生产率104 680元/人年

E. 我国2007年每万人口医院、卫生院床位数为26.3张

15. 下列指标中,属于两个总体之间对比的相对指标有(　　)。

A. 2008年第一产业增加值占国内生产总值的比重为11.3%

B. 2008年全国出生人口性别比为120.56

C. 2007年工业产品销售率98.14%

D. 2005年国有及规模以上非国有工业企业全员劳动生产率104 680元/人年

E. 我国2007年每万人口医院、卫生院床位数为26.3张

16. 统计指标的特点主要有(　　)。

A. 同质事物的大量性　　B. 事物的差异性

C. 事物的大量性　　　　D. 同质事物的可量性

E. 量的综合性

17. 按统计指标的作用和表现形式来划分,统计指标可分为(　　)。

A. 数量指标　　　　　　B. 总量指标

C. 质量指标　　　　　　D. 相对指标

E. 平均指标

18. 标准差系数是(　　)。

A. 平均数和标准差的比值

B. 可衡量平均指标不同的总体标志变动度的大小

C. 标准差和平均数的比值

D. 用相对数表现的标志变动度指标

E. 离散系数

19. 企业职工工资总额是（　　）。

    A. 数量指标　　　　　　　　B. 质量指标
    C. 相对指标　　　　　　　　D. 时点指标
    E. 时期指标

20. 下列指标中，属于时点指标的有（　　）。

    A. 产品产值　　　　　　　　B. 产品库存量
    C. 产品销售量　　　　　　　D. 销售收入
    E. 职工人数

21. 数量指标（　　）。

    A. 与总体规模大小有关
    B. 不随总体范围的变化而变化
    C. 是总体中单位的数目
    D. 是内涵指标
    E. 没有计量单位

22. 下列指标中，属于时点指标的有（　　）。

    A. 餐饮业销售额　　　　　　B. 物资库存量
    C. 企业固定资产数　　　　　D. 职工人数
    E. 储蓄存款余额

23. 下列指标中，属于数量指标的有（　　）。

    A. 总体单位总量指标
    B. 总体标志总量指标
    C. 总量指标
    D. 人均年收入
    E. 发展速度

24. 下列指标中,属于质量指标的有( )。

   A. 工资总额 10 656.2 亿元

   B. 职工平均工资 9 464 元

   C. 20×× 年我国国内生产总值 89 403.5 亿元

   D. 我国人口密度 132 人/平方公里

   E. 钢材利用率 87.5%

25. 20×× 年全国居民消费支出为 80 120.5 亿元,其中农村居民消费支出 21 114.9 亿元,城镇居民消费支出 59 005.6 亿元。若求比例相对指标,则下列选项中,正确的有( )。

   A. $\dfrac{\text{总体中某部分数值}}{\text{总体中另一部分数值}}$

   B. $\dfrac{\text{不同总体中某部分数值}}{\text{不同总体中另一部分数值}}$

   C. $\dfrac{\text{总体中某部分数值}}{\text{总体全部数值}}$

   D. 21 114.9∶59 005.6

   E. $\dfrac{21\ 114.9}{80\ 120.5}$ $\dfrac{59\ 005.6}{80\ 120.5}$

26. 某城市人口数为 20 万人,零售商业机构 600 个,则下列选项中,正确的有( )。

   A. 商业网密度正指标为 333 人/个,逆指标为 3 个/千人

   B. 商业网密度为比例相对指标

   C. 商业网密度为同一总体不同部分总量指标之比

   D. 商业网密度为强度相对指标

   E. 商业网密度正指标为 3 个/千人,逆指标为 333 人/个

27. 加权算术平均数的大小( )。

A. 受各组变量值大小的影响

B. 受各组次数多少的影响

C. 与各组变量值大小无关

D. 与各组次数多少无关

E. 只受各组次数多少的影响

28. 下列现象中,应用来调和平均数计算的有( )。

A. 已知各组工人的月工资和工资总额,求平均工资

B. 已知某企业各车间产量计划完成的百分比和实际产量,计算平均计划完成百分比

C. 已知某几种产品的单位成本和总成本,计算产品的平均成本

D. 已知集中蔬菜的单价和销售量,求平均价格

E. 已知几种苹果的价格和销售额,计算平均价格

29. 全距的缺点有( )。

A. 容易受极端数值的影响

B. 在数学处理上不方便

C. 未充分考虑各个数值

D. 只考虑最大值和最小值

E. 表现了数值的离散程度

30. 几何平均数应该满足的条件有( )。

A. 若干个比率的乘积应等于总比率

B. 计算平均比率

C. 计算平均速度

D. 每个变量值不能为0

E. 每个变量不能为负数

三、判断题

1. 对于一个特定研究总体而言,总体单位总量和总体标志总量可以有若干个。   （   ）
2. 平均指标是将一个总体内每个单位在某个标志上的差异抽象化,以反映总体一般水平的综合指标。   （   ）
3. 平均指标代表了总体各单位某数量标志的一般水平,它抵消了标志数值的差异。   （   ）
4. 平均指标可以使不同的总体具有可比性,并能以此分析现象之间的依存关系,如分析劳动生产率水平与平均工资水平的关系等。   （   ）
5. 简单算术平均数与加权算术平均数计算上的区别在于变量值出现的次数即权数的不同。   （   ）
6. 在分组数列中,各组的次数 f_i 有权衡各组变量值轻重的作用,某组的变量值越大,对平均数的影响就越大。   （   ）
7. 在分组数列中,某一组的次数越大,则改组的变量值对平均数的影响就越大;反之,则越小。   （   ）
8. 加权算术平均数的大小受两个因素的影响:一是受变量值大小的影响;二是受权数的影响。   （   ）
9. 只掌握各组的标志值和各组的标志总量,则用调和平均数的方法计算平均指标。   （   ）
10. 时期指标数值的大小和时间长短有直接关系。   （   ）
11. 标志变异指标能衡量平均指标对总体单位某个指标的代表性程度。平均差能够综合反映总体中各单位标志值的离散程度。   （   ）
12. 标准差越大说明标志变动程度越大,因而平均数代表性越大。   （   ）
13. 可以用标准差直接比较不同水平的总体标志变动的大小。   （   ）
14. 实物单位有自然单位、度量衡单位、复合单位、标准实物单位。   （   ）

15. 人数、吨、公里、米、台时、亿元为实物单位。　　　　（　　）
16. 15 马力/台、千瓦时、艘、工日为实物单位。　　　　（　　）
17. 不同的实物单位可以进行汇总，指标的综合性能比较强。（　　）
18. 总量指标还可以表现为同质总量之差的绝对数。　　　（　　）
19. 在变量数列中，影响平均数大小的是次数本身。　　　（　　）
20. 两个指标的统计方式、统计时间、统计手段、计算价格以及计算方式等方面具有可比性，才能计算相对指标。　　　　　　　　　　（　　）
21. 平均指标就是数值平均数。　　　　　　　　　　　　（　　）
22. 两个指标的经济内容、统计范围、计算方法、计算价格以及计算单位等方面具有可比性，才能计算相对指标。　　　　　　　　（　　）
23. 统计设计意义上的统计指标包括指标名称、计量单位和指标数值等三个要素。　　　　　　　　　　　　　　　　　　　　　（　　）
24. 统计指标反映的是总体的量，它是许多个体现象的数量综合的结果。
　　　　　　　　　　　　　　　　　　　　　　　　　（　　）
25. 某个概念有了质的规定性，就能成为统计指标。　　　（　　）
26. 数量指标一般用相对数的形式来表示。　　　　　　　（　　）
27. 质量指标通常以绝对数和平均数的形式来表示。　　　（　　）
28. 统计指标体系是若干个相互联系的统计指标组成的整体。（　　）
29. "某地区国内生产总值为 1 000 亿元"是一个要素完整的统计指标。
　　　　　　　　　　　　　　　　　　　　　　　　　（　　）
30. 质量指标是反映产品质量和工作质量的指标。　　　　（　　）
31. 时点指标数值的大小与时点间的间隔长短有直接关系。（　　）
32. 总体单位总量指标不能转变为总体标志总量指标。　　（　　）
33. 职工人数是时点指标，人均工资是时期指标。　　　　（　　）
34. 属于同一总体内部之比的相对指标有比较相对指标、结构相对指标、比

例相对指标。 ( )

35. 相对指标必须是同类现象的指标相比。 ( )

四、思考题

1. 时期指标和时点指标有什么区别?
2. 标志总量和总体总量如何区分?请举例证明。
3. 属于同一个总体对比的相对数有几种?属于两个总体对比的相对指标有几种?
4. 相对指标中,分子、分母能颠倒的有几种?不能颠倒的有几种?
5. 相对指标的应用原则是什么?
6. 加权算术平均数受几个因素的影响?
7. 算术平均数的主要数学性质有几个?
8. 算术平均数、调和平均数的应用条件有什么不同?
9. 集合平均数在什么场合下应用?
10. 算术、调和、几何平均数三种为什么称其为数值平均数?而众数、中位数、分位数为什么称其为位置平均数?
11. 算术平均数、众数、中位数的关系是什么?
12. 数值平均数与位置平均数的相同点和不同点是什么?
13. 标志变异指标有几种?平均差与标准差的相同点和不同点是什么?
14. 是非标志的标准差和平均数是什么?如何计算?
15. 在判断两个或以上总体平均数代表性大小时,什么时候用标准差判断?什么时候用离散系数判断?

五、综合应用题

1. 某商场出售某种商品的价格和销售额资料如下表所示。

等级	单价(元/千克)	销售额(万元)
一级	20	216
二级	16	115.2
三级	12	72

请根据资料回答：

(1) 计算该商品的平均销售价格应采用的平均数计算方法是（   ）。

    A. 简单算术平均

    B. 加权算术平均

    C. 几何平均

    D. 调和平均

(2) 三个等级商品的销售量分别为（   ）。

    A. 一级 10 万千克　　　二级 8 万千克　　　三级 6 万千克

    B. 一级 10.8 千克　　　二级 7.2 千克　　　三级 6 千克

    C. 一级 10.8 千克　　　二级 7.2 千克　　　三级 6 万千克

    D. 一级 10 千克　　　二级 8 千克　　　三级 6 千克

(3) 商品的平均销售价格为（   ）元/千克。

    A. 16　　　　　　B. 16.8　　　　　　C. 15　　　　　　D. 18

2. 2013 年，甲、乙两企业人数及月工资分组资料如下表所示。

月工资	甲企业人数（人）	乙企业人数（人）
400 元以下	4	2
400~600 元	15	18
600~800 元	84	73
800~1 000 元	126	103
1 000 元以上	28	42

在根据上述资料计算平均工资的步骤中,请回答下述问题:

(1) 各组组中值分别为( )。

  A. 400   500   700   900   1 100

  B. 200   400   600   800   1 200

  C. 400   600   800   1 000   1 200

  D. 300   500   700   900   1 100

(2) 采用的平均数计算方法为( )。

  A. 简单算术平均

  B. 调和平均

  C. 加权算术平均

  D. 几何平均

(3) 甲、乙两企业工人月平均工资为( )。

  A. 甲 823.74 元   乙 832.74 元

  B. 甲 838.66 元   乙 823.74 元

  C. 甲 823.74 元   乙 838.66 元

  D. 甲 838.66 元   乙 832.74 元

(4) 三个等级商品的销售量分别为( )。

  A. 甲企业标准差 160 元,乙企业标准差 170.5 元

  B. 甲企业标准差大于乙企业标准差,甲企业平均工资代表性大

  C. 甲企业标准差 162.96 元,乙企业标准差 175.19 元

  D. 平均指标不相同的总体,可直接用标准差比较其标志变动度的大小

  E. 甲企业离散系数为 19.78%,乙企业离散系数为 20.89%,甲企业平均工资的代表性大

3. 某车间工人日产量如下表所示。

日产量分组(件) X	工人数(人) F	总产量(件) XF	各组工人数所占比重(%)
25	3		
26	4		
27	7		
28	6		
合计			

请回答：

(1) 若求工人的平均日产量，则采用的平均数计算方法为（　　）。

　　A. 加权算术平均

　　B. 简单算术平均

　　C. 调和平均

　　D. 几何平均

(2) 工人平均日产量是（　　）件。

　　A. 26.8

　　B. 28

　　C. 25.7

　　D. 27.8

(3) 三个等级商品的销售量分别为（　　）。

　　A. 结构相对指标

　　B. 15%　20%　35%　30%

　　C. 比例相对指标

　　D. 结构相对数之和大于等于100

　　E. 结构相对数之和等于100

4. 某商店的三种商品为 A、B、C，其价格和销售额如下表所示。

日产量分组(件) X	工人数(人) F	总产量(件) XF	各组工人数所占比重(%)
25	3		
26	4		
27	7		
28	6		
合计			

请回答：

(1) 计算商品的平均价格，应采用的平均数计算方法为（　　）。

    A. 简单调和平均

    B. 简单算术平均

    C. 加权调和平均

    D. 加权算术平均

(2) 三种商品的销售量依次是（　　）。

    A. 68   550   290

    B. 550   290   68

    C. 290   68   550

    D. 290   550   68

(3) 商品的平均价格为（　　）元。

    A. 70.67

    B. 71

    C. 63.87

    D. 72

5. 甲、乙企业工人月产量资料如下表所示。

企业	按月产量分组(件)	工人数(人)
甲企业	40~50	50
	50~60	100
	60~70	120
	70~80	80
	80~90	60
	90~100	30
合 计	—	
乙企业	40~50	10
	50~60	18
	60~70	54
	70~80	50
	80~90	60
	90~100	8
合 计	—	

请回答：

(1) 若比较两企业工人月平均产量，则采用的平均数计算方法为(　　)。

　　A. 简单算术平均

　　B. 加权算术平均

　　C. 加权调和平均

　　D. 简单调和平均

(2) 两企业工人平均月产量为(　　)。

　　A. 甲企业 72 件　乙企业 67 件

　　B. 甲企业 67 件　乙企业 70 件

　　C. 甲企业 75 件　乙企业 85 件

D. 甲企业 67 件　乙企业 72 件

(3) 两企业工人平均月产品标准差分别为(　　)。

　　A. $\sigma_甲=14.07$(件)　　$\sigma_乙=11.24$(件)

　　B. $\sigma_甲=12.24$(件)　　$\sigma_乙=14.07$(件)

　　C. $\sigma_甲=11.24$(件)　　$\sigma_乙=12.24$(件)

　　D. $\sigma_甲=14.07$(件)　　$\sigma_乙=12.24$(件)

(4) 两企业工人平均月产量标准差系数分别为(　　)。

　　A. $V_甲=20\%$　　$V_乙=17\%$

　　B. $V_甲=21\%$　　$V_乙=17\%$

　　C. $V_甲=20\%$　　$V_乙=21\%$

　　D. $V_甲=21\%$　　$V_乙=18\%$

(5) 对比两企业工人平均月产量代表性,则正确的选项有(　　)。

　　A. 甲大乙小

　　B. 乙大甲小

　　C. 无法判断

　　D. 代表性相同

6. 某水果市场 A、B、C 三个摊位某时段销售苹果的情况如下表所示。

摊位	苹果价格(元/千克) x	销售额(元) m
A	3	70
B	3.2	65
C	4.5	50
合计		

请回答:

(1) 若计算苹果的平均价格,应采用的平均数计算方法为(　　)。

A. 加权调和平均

B. 简单调和平均

C. 简单算术平均

D. 加权算术平均

(2) 三个摊位的销售量依次为(　　)。

A. 20.31 千克　　11.11 千克　　23.3 千克

B. 11.11 千克　　20.31 千克　　23.3 千克

C. 23.3 千克　　20.31 千克　　11.11 千克

D. 11.11 千克　　23.3 千克　　20.31 千克

(3) 苹果的平均价格为(　　)。

A. 3.5 元/千克

B. 3.2 元/千克

C. 3.38 元/千克

D. 3.7 元/千克

7. 某厂生产某种产品,上年实际单位成本为 1 000 元,本年度计算规定单位成本降低 5%,而实际单位成本降低了 8%,同时,计划规定该厂本年劳动生产率比上年提高 10%,而实际提高了 15%。

请回答:

(1) 单位成本计划完成程度为(　　)。

A. 160%,超额 60%完成计划

B. 96.84%,没完成计划

C. 96.84%,超额 2.16%完成计划

D. 96.84%,超额 3.16%完成计划

(2) 劳动生产率计划完成程度为(　　)。

A. 104.5%,超额 4.5%完成计划

B. 150%,超额50%完成计划

C. 94%,没完成计划

D. 94%,超额6%完成计划

8. 某总公司下设甲、乙两个分公司,甲、乙两个分公司员工的月工资资料如下表所示。

月工资(元)	工资总额(元)m	
	甲公司	乙公司
2 000	100 000	80 000
2 500	130 000	150 000
3 000	9 000	6 000

请回答:

(1) 若计算甲、乙分公司员工月平均工资,则采用的计算月平均工资的方法为( )。

A. 简单调和平均　　　　　B. 加权调和平均

C. 简单算术平均　　　　　D. 加权算术平均

(2) 三个档次月工资员工人数依次为( )。

A. 甲公司 50　60　3　乙公司 40　50　2

B. 甲公司 40　50　6　乙公司 50　60　3

C. 甲公司 50　52　3　乙公司 40　60　3

D. 甲公司 40　60　3　乙公司 50　40　3

(3) 甲、乙分公司员工平均工资为( )。

A. 甲 2 276.19 元　乙 2 313.73 元

B. 甲 2 097.3 元　　乙 2 276.19 元

C. 甲 2 313.73 元　乙 2 276.19 元

D. 甲 2 097.3 元   乙 2 313.73 元

9. 某公司员工月工资分组资料如下表所示。

月工资	人数(人)
2 500 元以下	30
2 500~3 000 元	45
3 000~3 500 元	65
3 500~4 500 元	40
4 500 元以上	20
合计	200

根据上述资料,计算员工的月平均工资,工资的平均差、标准差、离差系数。

10. 某三个同类企业某种同类产品的单位产品成本和总成本如下表所示。

企业名称	单位成本(元)	总成本(千克)
甲	76	95
乙	95	83
丙	80	72

根据上述资料,计算平均单位成本。

11. 某企业两个车间生产同种产品的基本资料如下表所示。

甲班组	
日产量	人数
7 件以下	4
8~9 件	7
10~13 件	12
14~16 件	10
16 件以上	6

乙班组　$\bar{X}=10$　$\sigma=3$(件)

试比较甲、乙两个班组日产量代表性哪个大?

12. 某班级期末某科考试成绩如下表所示。

成绩	人数(人)
60 分以下	4
60～70 分	7
70～80 分	15
80～90 分	10
90～100 分	6

试计算该班级考试成绩的平均数、众数、中位数、成绩的标准差。

第五章 概率与概率分布

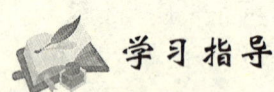 学习指导

概率论是研究随机现象统计规律性的科学,本章主要掌握随机事件及运算,概率的性质与运算法则,随机变量的分布;常用的随机变量;大数定律与中心极限定理。本章各节的内容及学习要点概括在下表内。

章 节	主 要 内 容	学 习 要 点
第一节 随机事件与概率	随机事件的基本概念,概率的性质与运算法则	主要掌握随机事件,必然事件,不可能事件,基本事件,概率的性质与运算法则
第二节 随机变量及其分布	随机变量的概念,概率的分布,数字特征,常用的随机变量的分布	主要掌握随机变量的分布,常用的随机变量,二项分布,正态分布;χ^2分布;t分布;F分布
第三节 大数定律与中心极限定理	大数定律(独立分布)的大数定理,贝努里大数定理,中心极限定理	主要掌握大数的概念,常用的大数定律。中心极限定理的概念,常用的中心极限定理,为抽样推断的理论基础做准备

 本章习题

一、单项选择题

1. 抛 3 枚硬币,用 0 表示反面,1 表示正面,其样本空间为(   )。

A. {000, 001, 100, 011, 101, 110, 111}

B. {1, 2, 3}

C. {0, 1}

D. {01, 10}

2. 一项试验中所有可能结果的集合称为（　　）。

　　A. 事件

　　B. 简单事件

　　C. 样本空间

　　D. 基本事件

3. 每次实验可能出现也可能不出现的事件称为（　　）。

　　A. 必然事件

　　B. 样本空间

　　C. 随机事件

　　D. 不可能事件

4. 观察一批产品的合格品率 p，其样本空间为（　　）。

　　A. $\{0 < p < 1\}$

　　B. $\{0 \leqslant p \leqslant 1\}$

　　C. $\{p \leqslant 1\}$

　　D. $\{p \geqslant 0\}$

5. 随机抽取一只灯泡，观察其使用寿命 t，其样本空间为（　　）。

　　A. $\{t = 0\}$

　　B. $\{t < 0\}$

　　C. $\{t > 0\}$

　　D. $\{t \geqslant 0\}$

6. 抛掷一枚硬币，观察其出现的是正面还是反面，并将事件 A 定位为：事

件 $A=$ 出现正面,这一事件的概率记作 $P(A)$,则概率 $P(A)=\frac{1}{2}$,其含义是( )。

   A. 抛掷多次硬币,恰好有一半结果正面朝上
   B. 抛掷两次硬币,恰好有一次结果正面朝上
   C. 抛掷多次硬币,出现正面的次数接近一半
   D. 抛掷一次硬币,出现的恰好是正面

7. 若某一事件取值的概率为1,则这事件被称为( )。

   A. 必然事件
   B. 随机事件
   C. 不可能事件
   D. 基本事件

8. 抛掷一枚骰子,并观察其结果,起点数位1点或2点或3点或4点或5点或6点的概率为( )。

   A. 1 B. $\frac{1}{6}$
   C. $\frac{1}{4}$ D. $\frac{1}{2}$

9. 一家超市所做的一项调查表明,有80%的顾客到超市时会购买食品,60%的人会购买其他商品,35%的人既买食品也购买其他商品,设 A=顾客购买食品,B=顾客购买其他商品,则其顾客来超市购买食品的条件下,也购买其他商品的概率为( )。

   A. 0.80 B. 0.60
   C. 0.437 5 D. 0.35

10. 一家电脑公司从两个供应商处购买同一种计算机配件,质量状况如下表所示。

供应商	正品数	次品数	合计
供应商甲	84	6	90
供应商乙	102	8	110
合　计	186	14	200

设 A＝取出的一个为正品；B＝取出的一个为供应商甲供应的配件，从这 200 个配件中取出一个进行检查，取出的一个为正品的概率是(　　)。

A. 0.93

B. 0.45

C. 0.42

D. 0.933 3

11. 一家报纸的发行部已知在某社区有 75% 的住户订阅了该报纸的时报，而且还知道某个订阅日报的住户订阅其晚报的概率为 50%，设 A＝某住户订阅了日报；B＝某个订阅了日报的住户订阅了晚报，则该住户既订阅日报又订阅晚报的概率为(　　)。

A. 0.75　　　　　　　　　　B. 0.50

C. 0.375　　　　　　　　　 D. 0.475

12. 一部电梯在一周内发生故障的次数及相应的概率如下表所示。

故障次数($x=x_i$)	0	1	2	3
概率(P_i)	0.75	0.12	0.08	α

表中 α 的值为(　　)。

A. 0.35　　　　　　　　　　B. 0.10

C. 0.25　　　　　　　　　　D. 0.30

13. 一家电脑配件供应商声称，他所提供的配件 100 个中拥有次品的个数 X

及概率如下表所示。

次品数	0	1	2	3
概率(P_i)	0.75	0.12	0.08	0.05

则该供应次品数的期望值为(   )。

A. 0.43   B. 0.15

C. 0.12   D. 0.75

14. 已知一批产品的次品率为4%,从中有放回地抽取5个,则5个产品中没有次品的概率为(   )。

A. 0.815   B. 0.170

C. 0.014   D. 0.999

15. 指出下面的分布中,不属于离散型随机变量的概率分布的是(   )。

A. 0—1分布   B. 二项分布

C. 泊松分布   D. 正态分布

16. 设X是参数为$n=4$和$p=0.05$的二项随机变量,则$p(x<2)=$(   )。

A. 0.312 5   B. 0.212 5

C. 0.687 5   D. 0.787 5

17. 假定某公司职员每周的加班津贴服从均值50元,标准差为10元的正态分布,那么全公司中每周的加班津贴会超过70元的职员比例为(   )。

A. 0.977 2   B. 0.022 8

C. 0.682 6   D. 0.317 4

18. 推销员向客户推销某种产品成功的概率为0.3,他在一天中共向5名客户进行了推销,则成功谈成客户不超过2人的概率为(   )。

A. 0.168 1   B. 0.360 2

C. 0.836 9　　　　　　　　　　D. 0.308 7

19. 一种电梯的最大承载重量为 1 000 千克，假设该电梯一次进入 15 人，如果每个人的体重（千克）服从 $N(60, 15^2)$ 则超重的概率为（　　）。

　　A. 0.042 6　　　　　　　　　B. 0.052 8

　　C. 0.078 5　　　　　　　　　D. 0.014 2

20. 设 Z 服从标准正态分布，则 $P(Z>1.33)$ 为（　　）。

　　A. 0.384 9　　　　　　　　　B. 0.431 9

　　C. 0.091 8　　　　　　　　　D. 0.414 7

二、思考题

1. 频率与概率有什么关系？
2. 独立性与互斥性有什么关系？
3. 什么是互斥事件？互斥事件的加法规则是什么？
4. 概率具有哪些基本性质？
5. 何为条件概念？
6. 两个事件独立意味着什么？
7. 什么是随机变量？它有哪些类型？
8. 什么是离散随机变量的概率分布？
9. 两点分布与二项分布有什么不同？
10. 判断数据正态分布的方法主要有哪些？
11. 随机事件 $A \cup B$ 与 AB 的意义是什么？
12. 某学习小组有 10 位同学，其中 3 位是女同学，现在随机抽取 3 人，问抽到至少有 2 位女同学的概率有多大？
13. 据统计 80 岁的老人在 5 年内正常死亡的概率为 0.98，因事故死亡的概率为 0.02，保险公司开办老人事故死亡保险，参保人需要交保险费 100

元,若 5 年内因事故死亡,公司要赔偿 X 元,应如何设置 X,才能使公司可期望获利;若有 1 000 人投保,公司可期望总获利多少?

14. 一个售货员在报摊上卖报,已知每个过路人在此报摊买报的概率为 1%。令 X 是出售了 100 份报时过路人的数目,求 $P(280 \leqslant X \leqslant 320)$。

15. 测量 AB 两地之间的距离(限于测量工具),将其分成 1 200 段进行测量,设每段测量误差(单位:千米)相互独立,且服从均匀分布 $U(-0.5, 0.5)$。试求总测量误差的绝对值不超过 20 千米的概率。

第六章 抽样推断

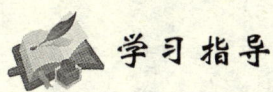 学习指导

通过本章学习,了解抽样推断的作用和特点,抽样推断的理论基础,抽样误差的概念和计算、抽样估计的方法,样本容量的计算,各种抽样的组织方式。各章各节的主要内容和学习要点总结在下表中。

章　节	主　要　内　容	学　习　要　点
第一节　抽样推断概述	抽样推断的含义、作用、特点	重点掌握抽样推断的特点、作用,它的重点调查、典型调查的相同点和不同点
第二节　抽样调查中的几个基本概念	总体、样本、总体指标(总体平均数、函数、方差)、样本指标(样本平均数、成数、方差)、总体参数、样本	抽样推断中的一些基本概念必须掌握,它是进行抽样推断的前提,是计算机抽样误差,进行推断的基本概念
第三节　抽样调查的理论基础、组织形式及调查方法	抽样推断的理论基础,抽样中抽选样本的方法和组织方式	重点掌握抽样的组织方式和两种抽选样本的方法,抽样推断的理论基础
第四节　抽样误差和抽样估计	抽样误差和抽样极限误差,抽样估计的方法,样本容量计算	重点掌握抽样误差和极限误差的计算;样本容量计算,影响误差和样本容量的因素;点估计和区间估计
第五节　抽样调查的组织方式及其误差的计算	等距、类型、整群和多阶段组织方式	各种组织方式的公式和推断

本章习题

一、单项选择题

1. 以下关于统计量的说法中,正确的是( )。
   A. 统计量的分布含有未知参数
   B. 统计量之间包含未知参数
   C. 统计量是样本的函数,不能含有任何未知参数
   D. 统计量是具体数据的函数

2. 计算总体均值或成熟估计的必要样本容量时,若有多个样本标准差的资料,应选择( )计算。
   A. 最小一个   B. 最大一个
   C. 中间一个   D. 平均值

3. 抽样误差是指( )。
   A. 计算过程中产生的误差
   B. 调查中产生的误差
   C. 调查中产生的系统误差
   D. 调查中产生的随机误差

4. 成数 P 和成数方差 $P(1-P)$ 的关系是( )。
   A. 成数越接近 0,方差越大
   B. 成数越接近 1,方差越大
   C. 成数越接近 0.5,方差越大
   D. 成数越接近 0.25,方差越大

5. 下列各项中,属于样本统计量的是( )。
   A. 总体平均数   B. 总体方差

C. 总体成数 D. 样本平均数和样本成数

6. 下列各项中,属于总体参数的是(　　)。

   A. 样本平均数 B. 总体方差

   C. 总体平均数 D. 样本成数

7. 一个总体共有 5 个单位,从中抽取一个容量为 2 的样本,在不重复抽样时,共有(　　)样本。

   A. 25 B. 10

   C. 5 D. 1

8. 设一个总体含有 3 个可能元素,取值分别为 1、2、3,从该总体中采取重复抽样方法抽取样本量为 2 的所有可能样本,样本均值为 2 的概率是(　　)。

   A. $\dfrac{1}{9}$ B. $\dfrac{2}{9}$

   C. $\dfrac{1}{3}$ D. $\dfrac{4}{9}$

9. 在重复抽样时,样本均值的标准差为总体均值标准差的(　　)。

   A. $\dfrac{1}{n}$ B. $\dfrac{1}{\sqrt{n}}$

   C. $\dfrac{N-n}{N-1}$ D. $1-\dfrac{n}{N}$

10. 当样本容量比较大时,在重复抽样条件下,样本成数 P 的方差为(　　)。

    A. $\dfrac{P(1-P)}{n}$ B. $\dfrac{P(1-P)}{\sqrt{n}}$

    C. $\dfrac{P(1-P)}{n}\dfrac{N-n}{N-1}$ D. $\left(1-\dfrac{n}{N}\right)P(1-P)$

11. 抽样误差是指（　　）。

    A. 计算过程中产生的误差

    B. 调查中产生的登记误差

    C. 调查中产生的系统性误差

    D. 调查中的随机误差

12. 计算总体均值或成数估计的必要样本容量时，若有多个样本标准差的资料时，应选（　　）计算。

    A. 最小一个

    B. 最大一个

    C. 中间一个

    D. 平均值

13. 全面调查只有（　　）。

    A. 代表性误差

    B. 随机误差

    C. 登记误差

    D. 既有登记性误差，也有代表性误差

14. 重复抽样的误差（　　）。

    A. 小于不重复抽样误差

    B. 等于不重复抽样的误差

    C. 大于不重复抽样的误差

    D. 可能大于，也可能小于不重复抽样误差

15. 当总体服从正态分布时，样本均值一定服从正态分布，且等于（　　）。

    A. 总体均值

    B. 总体均值的 $\dfrac{1}{n}$

C. 总体均值的 $\dfrac{1}{\sqrt{n}}$

D. 总体均值的 $\dfrac{N-n}{r-1}$

16. 如果估计量的期望值等于被估计参数,这个估计量就称为被估计参数的(   )。

    A. 无偏估计量

    B. 一致估计量

    C. 有效估计量

    D. 有偏估计量

17. 抽样误差和抽样极限误差的关系是(   )。

    A. 抽样误差小于抽样极限误差

    B. 大于抽样极限误差

    C. 等于抽样极限误差

    D. 可能大于,也可能小于抽样极限误差

18. 当置信度一定时,置信区间的宽度是(   )。

    A. 随着样本量的增大而减小

    B. 随着样本量的增大而增大

    C. 与样本量的大小无关

    D. 与样本量的平方根成正比

19. 通常所说的大样本指的是样本容量大于等于(   )。

    A. 60   B. 100   C. 30   D. 120

20. 一个估计量的有效性是指(   )。

    A. 其数学期望值等于被估计的总体参数

    B. 其等于被估计的总体参数

C. 其方差比其他估计量的方差大

D. 其方差比其他估计量的方差小

21. 在简单随机抽样方式下，欲使抽样平均误差减小 $\frac{1}{2}$，则样本容量应（　　）。

    A. 增加 6 倍

    B. 减少 1 倍

    C. 增加 2 倍

    D. 增加 4 倍

22. 从总体中抽取一个元素后不再放回总体，然后再从剩下的元素中抽取第二个元素，直至抽取第 n 个元素为止，这样的抽样方法称为（　　）。

    A. 重复抽样

    B. 不重复抽样

    C. 分层抽样

    D. 整群抽样

23. 经验法则表明，当一组数据近似正态分布时，在平均数加减一个标准差的范围内大约有（　　）的数据。

    A. 68%　　　　　　　　　　B. 95%

    C. 99%　　　　　　　　　　D. 100%

二、多项选择题

1. 总体参数通常包括（　　）。

    A. 总体平均数

    B. 总体方差

    C. 总体成数

D. 样本平均数

   E. 样本方差

2. 样本统计量通常包括(　　)。

   A. 总体平均数　　　　　　B. 总体方差

   C. 样本成数　　　　　　　D. 样本平均数

   E. 样本方差

3. 由样本统计量来估计总体参数的方法有(　　)。

   A. 点估计　　　　　　　　B. 区间估计

   C. 假设检验　　　　　　　D. 近似估计

   E. 抽样估计

4. 常用的点估计有(　　)。

   A. 用样本均值估计总体均值

   B. 用样本成数估计总体成数

   C. 用样本方差估计总体方差

   D. 用总体均值估计样本均值

   E. 用总体方差估计样本方差

5. 作为优良的估计量的标准是(　　)。

   A. 无偏性　　　　　　　　B. 集中性

   C. 一致性　　　　　　　　D. 有效性

   E. 可靠性

6. 样本均值是总体均值的(　　)。

   A. 无偏估计量　　　　　　B. 一致估计量

   C. 有偏估计量　　　　　　D. 无效估计

   E. 近似估计量

7. 对总体进行区间估计时,需要考虑(　　)。

A. 总体是否服从正态分布

B. 总体是否服从均匀分布

C. 总体方差是否已知

D. 总体均值是否已知

E. 用于估计的样本是大样本还是小样本

8. 计算样本容量时,如果总体或数 P 未知,可以(   )。

A. 用样本成数代替

B. 取样本成数为 0.5,使 $P(1-P)$ 最大

C. 取样本成数为 0.1,使 $P(1-P)$ 最大

D. 取样本成数为 0.2,使 $P(1-P)$ 最大

E. 取样本成数为 0.3,使 $P(1-P)$ 最大

9. 抽样误差(   )。

A. 是不可避免产生的

B. 可以估计出来

C. 随样本容量增加而增加

D. 可以通过改进调查方法来避免

E. 随着总体方差的增加而增加

10. 参数估计所需要的样本容量取决于(   )。

A. 总体方差

B. 允许误差

C. 样本个数

D. 置信水平

E. 抽样方法

11. 关于必要的样本容量,正确的是(   )。

A. 在对总体均值做估计时,采用重复抽样,若其他条件不变,允许误差

缩小 $\frac{1}{2}$，则样本容量必须为原来的 $\frac{1}{4}$

B. 若其他条件不变，允许误差缩小 $\frac{1}{2}$，则必要样本容量必须为原来的 4 倍

C. 若其他条件不变，允许误差扩大 1 倍，则必要样本容量必须为原来的 $\frac{1}{4}$

D. 若其他条件不变，总体的方差越大，样本容量也越大

E. 若其他条件不变，不重复抽样比重复抽样的样本容量小

12. 影响抽样误差的因素有（   ）。

    A. 概率保证程度大小
    B. 抽选样本的方法
    C. 抽样的组织方式
    D. 总体方差大小
    E. 样本容量的多少

13. 抽样调查的组织方式有（   ）。

    A. 简单随机方式
    B. 等距（机械）抽样方式
    C. 分层抽样方式
    D. 整群抽样方式
    E. 多阶段抽样方式

14. 总体参数有（   ）。

    A. 总体平均数
    B. 总体成数
    C. 样本平均数

D. 样本方差

E. 总体方差

三、判断题

1. 概率论是抽样推断的理论基础。　　　　　　　　　　　　　（　　）
2. 重复抽样误差比不重复抽样误差小。　　　　　　　　　　　（　　）
3. 设总体共有 4 个元素，从中抽取一个容量为 2 的样本，在重复抽样时，共有 16 个不同的样本，在不重复抽样时，共有 6 个可能样本。（　　）
4. 抽样平均误差是所有可能样本的标准差。　　　　　　　　　（　　）
5. 抽样平均误差是抽样调查中不可避免的误差。　　　　　　　（　　）
6. 样本均值的均值等于总体均值。　　　　　　　　　　　　　（　　）
7. 用样本统计量估计总体参数时，有两种估计方法：点估计和区间估计。
　　　　　　　　　　　　　　　　　　　　　　　　　　　　（　　）
8. 点估计是被估计的总体指标落在一个区间范围内。　　　　　（　　）
9. 区间估计是包括样本统计量在内的一个区间，该区间通常是由样本统计量加减抽样极限误差得到的。　　　　　　　　　　　　　（　　）
10. 以 68.27％的概率保证，推断总体平均数的置信区间为 $(\bar{x} - u_x, \bar{x} + u_x)$。　　　　　　　　　　　　　　　　　　　　　　　　　　（　　）
11. 评价估计量的标准有：无偏性，一致性，有效性。　　　　　（　　）
12. 抽样误差与标准差成正比，与样本容量的平方根成正比。　　（　　）
13. 抽样平均误差有时大于，有时小于抽样极限误差。　　　　　（　　）
14. 抽样调查的组织方式和抽选样本方法的不同，影响样本容量的多少。
　　　　　　　　　　　　　　　　　　　　　　　　　　　　（　　）
15. 样本容量多少与抽样平均误差大小没有关系。　　　　　　　（　　）
16. 概率的保证程度与样本容量多少没有关系。　　　　　　　　（　　）

17. 允许误差大小，与样本容量多少有直接关系。   （   ）
18. 成数方差在完全缺乏资料的情况下，可用成数方差极大值 0.25 代替。
                                                              （   ）
19. 抽样调查从总体中抽取样本是人们有意识抽取的。   （   ）
20. 总体指标包括总体平均数、总体成数、总体方差。   （   ）
21. 抽样推断就是用计算出来的样本指标估计总体指标。   （   ）
22. 其他条件相同时，总体方差越大，必要的样本容量越大。   （   ）
23. 其他条件相同时，误差范围越大，必要的样本容量越大。   （   ）

四、思考题

1. 抽样调查与重点调查、典型调查的相同点和不同点是什么？
2. 抽样调查的组织方式和抽选样本的方法有哪几种？
3. 影响抽样平均误差的因素有哪几种？
4. 影响必要的样本容量有哪几种？
5. 区间估计有三个基本要素，分别是什么？
6. 抽样调查从总体抽取样本时，为什么要采用随机原则？
7. 解释 0.5% 置信区间的意思。
8. 抽样调查的理论基础是什么？
9. 区间估计和点估计有什么不同？
10. 重复抽样和不重复抽样的样本容量的方式是什么？

五、综合应用题

1. 某种零件的长度服从正态分布，已知总体平均数的标准差为 1.5 厘米，先从总体中抽取 200 只零件组成样本，测得它们的平均长度为 8.8 厘米，试以 95% 的概率保证（$t=1.96$），估计全部零件平均长度的区间范围。

2. 某企业从生产的 10 000 件产品中随机抽取 100 件产品进行检查,发现有 6 件产品不合格,如果以 0.997 3 的概率保证($t=3$),估计生产的所有产品不合格的区间范围。

3. 某县粮库收购花生,已知过去几次抽样调查中,得到花生的不合格率分别为 10%,20%,30%,今年又收购花生,要求允许误差不超过 1%,概率为 0.997 3,问今年收购花生应抽取多少样本检查?

4. 一家市场调查公司想估计某地区有彩电的家庭所占的比例。该公司希望对总体比例的允许误差不超过 5%,概率为 95%($t=1.96$),应抽取多少容量的样本?

5. 为了了解大学生的消费支出,随机抽取 100 名学生进行调查,得出月平均消费为 700 元,标准差为 60 元,如以 95.45% 的概率保证($t=2$)估计该校学生月消费水平的区间范围,若允许误差不超过 30 元,应抽取多少名学生进行调查?

6. 某企业生产的袋装食品采用自动打包机包装,每袋标准重量为 100 克,现从某天生产的一批产品中按重复抽样随机抽取 50 包进行检查,测得每包重量如下表所示。

每包重量	包数(包)
96 克以下	2
96~98 克	3
98~100 克	34
100~102 克	10
102~104 克	6
104 克以上	3
合　　计	

已知食品包重服从正态分布。要求：

(1) 以 95% 的概率($t=1.96$)保证，估计该种食品每包平均重量的置信区间。

(2) 如果规定该种食品每包重量低于 100 克为不合格，概率不变，确定该种食品合格率的置信区间。

7. 一位银行的管理人员想估计每位储户在该银行的月平均存款额，他假设所有储户月存款的标准差为 1 000 元，要求允许误差在 200 元以内，置信水平(概率)为 95.45%($t=2$)，应选取多大样本？

8. 某商场为了了解顾客对商场服务的满意程度，随机抽取 400 名顾客进行调查，结果有 65% 的顾客对商场服务满意，试以 0.954 5 的置信度估计所有顾客对商场的满意程度。

9. 从一批电子管中抽取 100 支，得知平均寿命为 1 000 小时，标准差为 40 小时，试求整批电子管的平均寿命的置信区间(概率为 95%，$t=1.96$)。

10. 某一居民小区共有居民 500 户，小区物业准备采取一项新的供水措施，想了解居民是否赞成，采取重复抽样方法随机抽选 50 户，其中有 32 户赞成，18 户反对。

    (1) 试求该小区所有居民户数赞成该措施的比例区间，概率为 95%($t=1.96$)。

    (2) 如果物业预计赞成的比例能达到 80%，应抽选多少户调查(概率不变)？

11. 某校从在校学生中抽取一个容量为 100 人的简单随机样本，了解其每周上网时间。调查显示，样本均值为 10 小时，样本标准差为 6 小时。试根据样本统计量，推断该校全体学生每周上网时间的置信区间。概率为 95%($t=1.96$)。

12. 某地抽取一个随机样本，调查每户居民平均每月用于居住的支出水平

（含租房、经济适用房），数据如下表所示。

支出水平	数量（户）
1 000 元以下	4
1 000～2 000 元	8
2 000～3 000 元	14
3 000～4 000 元	6
4 000 元以上	4
合　　计	36

试根据表中数据：

(1) 计算样本均值。

(2) 以 95％的概率（$t=1.96$）估计该地居民户总体每月用于居住的平均支出的置信区间。

13. 拥有本科学历的大学毕业生月薪的平均数为 3 000 元，工资的标准差为 600 元，要求允许误差不超过 300 元，应抽取多大样本容量？

14. 从某火柴仓库库存的火柴中，随机抽取 100 盒检查，得出平均每盒火柴有 99 根，标准差为 3 根。如果以 99.73％的置信度（$t=3$），要求：

    (1) 估计该仓库全部库存火柴平均每盒有多少根的区间范围。

    (2) 如果把允许误差减少到原来的 $\frac{1}{2}$，其他条件不变，应抽多少盒火柴检查？

15. 对一批水果罐头进行质量检查，随机抽取 100 听检查，发现有 6 听不合格，若以 95.45％的概率保证，可否认为这批水果罐头的不合格品率不会超过 10％？

16. 某银行储蓄所年末按定期存款账单的顺序每 10 户抽取 1 户的随机抽

样,得出下表资料。

存款额	10万元以下	10万～20万元	20万～30万元	30万～40万元	40万元以上
户数(户)	10	50	100	260	80

试以 95.45％($t=2$)概率推断：

(1) 该储蓄所所有储户平均定期存款额的置信区间。

(2) 所有储户的定期存款总额。

(3) 所有储户定期存款额在 30 万元以上的比率区间。

17. 某企业对职工个人全年用于文化娱乐支出进行了等比例分层抽样,调查结果如下表所示。

职工分类	人数(人)	调查人数(人)	平均支出(元)	标准差(元)
青年职工	2 400	120	230	60
中老年职工	1 600	80	140	47

试以 95.45％($t=2$)的置信度估计该企业职工全年用于文化娱乐的平均支出的区间范围。

18. 某学院调查学生每人每周参加文体活动时间,首先把学生按学习成绩分为 3 个组,再各抽选 10％进行调查,结果如下表所示。

按学习成绩分组	人数(人)	样本资料		
		抽样人数(人)	每人每周平均文体活动时间(小时)	每人每周活动时间方差(小时)
甲	300	30	12	15.0
乙	400	40	17	8.8
丙	200	20	13	27.2

试以 95.45％($t=2$)的概率对该校学生每人每周参加文体活动时间进行区间估计。

19. 从某县 50 个村庄中随机抽取 5 个村庄,对 5 个村庄所有养猪专业户进行全面调查,结果如下表所示。

中选村编号	1	2	3	4	5
每户平均存栏生猪数(只)	50	70	80	85	90
优良品种率(%)	90	80	50	70	5

试以 95% 概率($t=1.96$)推断该县养猪专业户每户平均存栏生猪数和优良品种率的可能范围。

20. 某灯泡厂为了检查某天生产的 4 万只灯泡的耐用时间,决定按产品入库顺序每 100 只灯泡抽取 1 只进行检查,结果如下表所示。

耐用时间	800 小时以下	800~900 小时	900~1 000 小时	1 000~1 100 小时	1 100 小时以上	合计
灯泡数(只)	20	30	260	80	10	400

根据规定,耐用时间 1 000 小时以上为合格者,试计算在概率为 95%($t=1.96$)时,生产的全部灯泡的平均耐用时间和合格品率的区间范围。

第七章 假设检验与方差分析

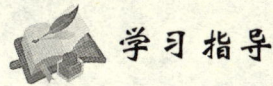 学习指导

假设检验是推断统计的另一个重要内容,它是利用样本信息判断假设是否成立的一种统计方法。本章首先介绍有关假设检验的一些基本问题,然后介绍一个总体参数和两个总体参数的检验方法,最后介绍假设检验中的其他问题,本章各节的主要内容和学习要点总结在下表中。

章　节	主　要　内　容	学　习　要　点
第一节 假设检验的基本思想和步骤	假设检验的基本思想,两类错误,假设检验的步骤	概念,原假设,备选假设,两类错误、步骤
第二节 正态总体参数的检验	方差已知对一个正态总体均值检验,方差未知对一个正态总体的检验;一个正态总体方差的检验	主要掌握正态总体方差的检验,包括已知方差和未知方差的检验
第三节 总体成数的假设检验	总体成数检验的统计量	主要掌握总体成数检验的统计量 $Z = \dfrac{P - P_0}{\sqrt{\dfrac{P(1-P)}{n}}}$
第四节 单因素试验的方差分析	方差分析的方法	主要掌握方差的具体做法,方差分析的应用

# 本章习题

一、单项选择题

1. 假设检验主要是对（　　）进行检验。
   A. 总体参数　　　　　　　　B. 样本参数
   C. 统计量　　　　　　　　　D. 样本分布

2. 参数估计是依据样本信息推断未知的（　　）。
   A. 总体参数　　　　　　　　B. 样本参数
   C. 统计量　　　　　　　　　D. 样本分析

3. 小概率事件是指在一次事件中几乎不可能发生的事件，一般称为"显著性水平"，用 α 表示，显著性水平一般取值为（　　）。
   A. 5%　　　　　　　　　　　B. 2‰
   C. 3‰　　　　　　　　　　　D. 5‰

4. 假设检验的依据是（　　）。
   A. 小概率原理　　　　　　　B. 中心极限定理
   C. 方差分析原理　　　　　　D. 总体分析

5. 大样本情况下，总体均值检验的统计量为（　　）。
   A. $Z = \dfrac{\overline{X} - \mu_0}{\alpha/\sqrt{n}}$　　　　B. $Z = \dfrac{\overline{X} - \mu_0}{\alpha^2/\sqrt{n}}$
   C. $t = \dfrac{\overline{X} - \mu_0}{s/\sqrt{n}}$　　　　　D. $Z = \dfrac{\overline{X} - \mu_0}{s/\sqrt{n}}$

6. 一种机床加工的零件尺寸绝对平均误差允许值为 1.35 mm，生产厂家现采用一种新的机床进行加工，以期进一步降低误差。为检验新机床加工的零件平均误差与旧机床相比是否有显著降低，从某天生产的零

件中随机抽取50个进行检验,得出50个零件尺寸的绝对误差数据,其平均差为1.215 2,标准差为0.365 749,利用这些数据,在 $\alpha=0.05$ 的水平下,要检验新机床加工的零件尺寸的平均误差与旧机床相比是否有显著降低,提出的假设应为( )。

  A. $H_0: \mu = 1.35$ B. $H_0: \mu \geqslant 1.35$
   $H_1: \mu \neq 1.35$ $H_1: \mu < 1.35$
  C. $H_0: \mu \neq 1.35$ D. $H_0: \mu \neq 1.35$
   $H_1: \mu > 1.35$ $H_1: \mu = 1.35$

7. 一项新的减肥计划称,在计划实施的第一周内,参加者的体重平均至少可以减轻8磅。随机抽取40位参加该项计划的样本,结果显示样本的体重平均减少7磅,标准差3.2磅,其原假设和备选假设是( )。

  A. $H_0: \mu < 8$ B. $H_0: \mu \geqslant 8$
   $H_1: \mu > 8$ $H_1: \mu < 8$
  C. $H_0: \mu \leqslant 7$ D. $H_0: \mu \geqslant 7$
   $H_1: \mu > 7$ $H_1: \mu < 7$

8. 在假设检验中,不拒绝原假设意味着( )。

  A. 原假设肯定是正确的
  B. 原假设肯定是错误的
  C. 没有证据证明原假设是正确的
  D. 没有证据证明原假设是错误的

9. 在假设检验中,原假设和备择假设( )。

  A. 都有可能成立
  B. 都有可能不成立
  C. 只有一个成立而且必有一个成立

D. 原假设一定成立,备择假设不一定成立

10. 在假设检验中,第一类错误是指(   )。

    A. 当原假设正确时拒绝原假设

    B. 当原假设错误时拒绝原假设

    C. 当备择假设正确时拒绝备择假设

    D. 当备择假设不正确时未拒绝备择假设

11. 在假设检验中,第二类错误是指(   )。

    A. 当原假设正确时拒绝原假设

    B. 当原假设错误时拒绝原假设

    C. 当备择假设正确时拒绝备择假设

    D. 当备择假设不正确时未拒绝备择假设

12. 下列检验中,属于右侧检验的是(   )。

    A. $H_0: \mu = \mu_0, H_1: \mu \neq \mu_0$ B. $H_0: \mu \geq \mu_0, H_1: \mu < \mu_0$

    C. $H_0: \mu \leq \mu_0, H_1: \mu > \mu_0$ D. $H_0: \mu > \mu_0, H_1: \mu \leq \mu_0$

13. 下列检验中,属于左侧检验的是(   )。

    A. $H_0: \mu = \mu_0, H_1: \mu \neq \mu_0$ B. $H_0: \mu \geq \mu_0, H_1: \mu < \mu_0$

    C. $H_0: \mu \leq \mu_0, H_1: \mu > \mu_0$ D. $H_0: \mu > \mu_0, H_1: \mu \leq \mu_0$

14. 下列检验中,属于双侧检验的是(   )。

    A. $H_0: \mu = \mu_0, H_1: \mu \neq \mu_0$ B. $H_0: \mu \geq \mu_0, H_1: \mu < \mu_0$

    C. $H_0: \mu \leq \mu_0, H_1: \mu > \mu_0$ D. $H_0: \mu > \mu_0, H_1: \mu \leq \mu_0$

15. 如果原假设 H_0 为真,所得到的样本结果会像实际观测结果,那么极端或更极端的概率称为(   )。

    A. 临界值   B. 统计量

    C. P 值   D. 事先给定的显著性水平

16. P 值越小(   )。

A. 拒绝原假设的可能性越小

B. 拒绝原假设的可能性越大

C. 拒绝备择假设的可能性越大

D. 不拒绝备择假设的可能性越小

17. 对于给定的显著性水平 α，根据 P 值拒绝原假设的准则是(   )。

    A. $P=\alpha$ B. $P<\alpha$

    C. $P>\alpha$ D. $P=\alpha=0$

18. 在假设检验中，如果所计算出的 P 值越小，说明检验的结果(   )。

    A. 越显著   B. 越不显著

    C. 越真实   D. 越不真实

19. 检验一个正态总体的方差时，所使用的分布为(   )。

    A. 正态分布   B. t 分布

    C. X^2 分布   D. F 分布

20. 随机抽取一个 $n=100$ 的样本，计算得出 $\overline{X}=60$，$s=15$，要检验假设 $H_0: \mu=65$，$H_1: \mu \neq 65$，检验的统计量为(   )。

    A. -3.33 B. 3.33

    C. -2.36 D. 2.36

二、多项选择题

1. 小概率事件是指在一次事件中几乎不可能发生的事件，一般称为"显著性水平"，用 α 表示，显著性水平一般取值为(   )。

    A. 0.05   B. 5%

    C. 1%   D. 3‰

    E. 5‰

2. 假设检验的第一步，要提出(   )。

A. 原假设   B. 备择假设

C. 零假设   D. 备选假设

E. 假设

3. 检验统计量一般包括（   ）。

    A. Z 统计量   B. t 统计量

    C. S 统计量   D. m 统计量

    E. y 统计量

4. 假设检验可能（   ）。

    A. 犯第一类错误

    B. 犯第二类错误

    C. 犯第三类错误

    D. 什么错误也不犯

    E. 二类错误同时犯

5. 在对总体均值进行检验时，采用什么检验统计量取决于（   ）。

    A. 所取的样本是大样本还是小样本

    B. 还需要考虑总体是否为正态分布

    C. 总体方差是否已知

    D. 样本均值是否已知

    E. 样本方差是否已知

6. 运用方差分析的条件是（   ）。

    A. 样本来自正态总体

    B. 各总体的均值相等

    C. 各总体的方差相等

    D. 各总体相互独立

    E. 样本必须是随机的

三、判断题

1. 假设检验是光对总体参数或分布形式提出某种假设,然后使用样本信息和相关统计量的分布特征来检验这个假定,作出是否拒绝原假设的结论。   (   )
2. 参数估计是根据样本信息推断未知的总体参数。   (   )
3. 小概率事件是指在一次事件中总要发生的事件。   (   )
4. 假设检验时依据小概率原理。   (   )
5. 假设检验的结果可以证明原假设成立。   (   )
6. 假设检验的结果都是正确的。   (   )
7. 大样本情况下,当总体方差已知时,总体均值的检验统计量为 $Z = \dfrac{\overline{X} - \mu}{\sigma/\sqrt{n}}$。   (   )
8. 大样本情况下,总体比例(成数)检验的统计量为 $Z = \dfrac{\overline{X} - \mu}{\sigma/\sqrt{n}}$。 (   )

四、思考题

1. 参数估计与假设检验有什么区别?
2. 假设检验的基本思想是什么?
3. 假设检验中的显著性水平和临界值是什么?
4. 什么是 P 检验值?其原理是什么?
5. 假设检验中的两类错误是什么?它们之间有什么区别?
6. 在假设检验中,如何在双侧检验与单侧检验,左侧检验与右侧检验之间作出选择?
7. 从某乡的早稻田中随机抽取 16 亩,测得每亩地的实际亩产量(千克)分别为 120,122,102,114,136,145,84,96,160,124,136,108,

154,105,113,135,150,假设早稻亩产量服从正态分布,试问,能否在显著性水平 $\alpha=0.01$ 下认为该乡早稻平均亩产量为 120 千克?

五、综合练习题

1. 某企业生产的袋装食品采用自动包装机包装,每袋标准重量为 100 克,现从某天生产的产品中随机抽出 36 包进行检查,测得每包重量如下表所示。

每包重量(克)	包数(包)
96～98	3
98～100	9
100～102	20
102～104	4

要求:

(1) 计算样本均值和标准差。

(2) 以 0.05 的显著性水平检验该日生产的全部食品的重量是否符合标准要求 ($Z_{0.025} = 1.96$)。

2. 某生产线运行正常时,生产的产品重量服从均值为 500 克、标准差为 5 克的正态分布。现随机抽查 16 个产品,测得其平均重量为 496 克。如果总体标准差没有变化,试从 0.01 的显著性水平检验($Z_{0.01}=2.33$)产品总体的平均重量是否明显地低于 500 克。

3. 某大型连锁超市经常受到销售商品超过保质期的投诉,管理部门去检查时,超市负责人称其出售的绝大多数商品均未过保质期,只有不超过 1% 的商品因工作疏忽可能在销售时已过保质期。管理部门在货架上随机抽取了 400 件商品检查,发现过保质期的有 12 件,比率为 3%。试以 0.05 的显著性水平检验($Z=0.05=1.645$)超市负责人的说法是否成立。

4. 某产品包装生产线工作正常时,每袋重量为 100 克,现随机抽取 36 袋产品检查,平均每袋重量为 98.8 克,标准差为 6 克,试以 0.05 的显著水平检验该包装生产线工作是否正常 $[Z=0.025, (U_{0.025})=1.96]$。

5. 农业实验站为了研究一种新化肥对某种农作物的效力,在若干地块进行试验,其产量结果如下表,假设该农作物的产量服从正态分布。要求在显著水平 0.05 下:

    (1) 检验施肥前后农作物产量方差有无显著变化。

    (2) 检验施肥前后农作物产量有无显著变化。

施肥	34	35	30	32	33	34	35
未施肥	29	27	32	31	28	32	31

6. 为了确定某种药物的药效,在实验室中以白鼠为对象进行测试,对 120 只白鼠用药,另外 150 只没有用药。一段时间后,发现用药白鼠中有 15 只病情出现好转,而没有用药的白鼠也有 16 只病情出现好转。试问,在 0.05 的显著性水平下能否说明该药物有效果。

7. 在某次民主选举活动中,从 A 区和 B 区中分别抽取 300 人和 200 人做调查,发现支持某位候选人的比例分别为 56% 和 48%,试在 0.05 显著水平下检验假设:

    (1) 两选区对该候选人的支持率有差异。

    (2) 该候选人在 A 区更受拥护。

8. 一个生产防水手套的厂家,希望新的一批产品与前几批的产品质量一样好,至少不比前几批的质量差,从前产品不合格率大约为 10%。为此,厂家从新产品中抽取 100 双进行检验,结果发现其中有 8 双质量出现问题,请以 0.05 的显著性水平检验下列结论:

(1) 新产品的质量是否与前几批一样好？

(2) 新产品的质量是否比前几批差？

9. 已知某苗圃中树苗高度服从正态分布，其高度的标准差为 8.2 厘米，根据常识估计其平均高度为 60 厘米。从苗圃中随机抽取 64 株，测得树苗高度并求得其均值为 62 厘米，试问在显著性水平 $\alpha=0.05$ 条件下，检验所估计的树苗高度是否正确？

10. 商场里的白糖，一般包装都是 500 克一袋。有一位顾客买了一袋白糖，称重量发现只有 490 克，于是他找到质检部门投诉。质检部门找到相同品牌相同包装的白糖 50 袋，进行称重记录，得出平均重量为 498.35 克，标准差为 4.33 克。试问：在显著性水平 $\alpha=0.05$ 下，调查结果是否说明该品牌的白糖每袋重量不是 500 克，存在缺斤少两的问题？

11. 某汽车厂商声称其发动机排放标准的一个指标平均低于 20 个单位。在抽查了 10 台发动机之后，得到 10 个排放数据，经计算得到该样本均值为 21.13。究竟能否由此认为该指标均值超过 20？假定发动机排放标准的指标服从正态分布，在 $\alpha=0.05$ 的显著性水平下，检验该厂商生产的发动机排放指标是否超过 20？

12. 一项调查显示，每天每个家庭看电视的平均时间为 7.25 小时，假定该调查中包括 200 个家庭，且样本标准差为平均每天 2.5 小时。据报道 10 年前每天每个家庭看电视的平均时间为 6.70 小时，取显著性水平 $\alpha=0.01$，这个调查是否提供了证据支持你认为"如今每个家庭每天收看电视的平均水平增加了？"

13. 比较三种化肥（A、B 两种新型化肥和传统化肥）施撒在三种类型（酸性、中性、碱性）的土地上对作物的产量情况有无差别，将每块土地分成 6 块小区，施用 A、B 两种新型化肥和传统化肥，收割后，测量各组作物的产量，得到的数据如下表。化肥、土地类型及其它们的交互作用对作物产量有影响吗(假定作物产量服从正态分布,且方差相同,$\alpha=0.05$)?

化肥类型	土 地		
	酸性	中性	碱性
A	30.35	31.22	32.30
B	31.32	36.35	32.30
传统	27.25	29.27	28.25

14. 为了解三种不同配比的饲料对仔猪影响的差异,对三种不同品种的猪各选 3 头进行实验,分别测得其 3 个月间体重增加量如下表所示,试分析不同饲料与不同品种对猪的生长有无显著差异(假设其体重增加量服从正态分布,且方差相同,$\alpha=0.05$)。

体重增加量		因素 B		
		B_1	B_2	B_3
因素 A	A_1	30	31	32
	A_2	31	36	32
	A_3	27	29	28

第八章 时间数列分析

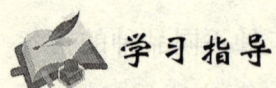 学习指导

分析时间数列数据的主要目的是对未来的数据进行预测和对经济现象进行动态分析。本章在给出时间数列的概念及分类的基础上,首先介绍了时间数列描述性分析方法,然后介绍了各种测定方法。本章各节的主要内容和学习要点列表如下。

章节	主要内容	学习要点
第一节 时间序列的对比分析	概念、种类,对时间数列进行分析的二大指标	重点掌握各种时间数列,对时间数列分析的二大类指标即水平指标和速度指标
第二节 长期趋势的测定	长期趋势的概念,影响时间数列形成的四个因素	重点掌握长期趋势测定的方法,移动平均法和最小平方法
第三节 季节变动的测定	季节变动的概念,测定方法	主要掌握季节变动测定的基本思想,测定方法
第四节 循环变动和不规则变动的测定	循环变动的分析,不规则变动的分析	重点掌握两种变动的测定方法

 本章习题

一、单项选择题

1. 下列数列中,指标数值可以相加的是(　　)。

A. 平均指标时间数列

B. 相对指标时间数列

C. 时间数列

D. 时点数列

2. 在时间数列中,作为计算其他动态分析指标基础的是( )。

A. 发展水平

B. 平均发展水平

C. 发展速度

D. 平均发展速度

3. 已知各时期发展水平之和与最初水平及时期数,要计算平均发展速度,( )。

A. 应采用水平法

B. 应采用累计法

B. 两种方法都能采用

D. 两种方法都不能采用

4. 已知最初水平与最末水平及时期数,要计算平均发展速度,( )。

A. 应采用水平法

B. 应采用累计法

B. 两种方法都能采用

D. 两种方法都不能采用

5. 假定某产品产量 2013 年比 2003 年增加了 235%,则 2003—2013 年间平均发展速度为( )。

A. $\sqrt[9]{135\%}$ B. $\sqrt[10]{335\%}$

C. $\sqrt[10]{235\%}$ D. $\sqrt[9]{335\%}$

6. 环比发展速度与定基发展速度之间的关系是(　　)。

   A. 环比发展速度等于定基发展速度减1

   B. 定基发展速度等于环比发展速度之和

   C. 环比发展速度等于定基发展速度的平方根

   D. 环比发展速度的连乘积等于定基发展速度

7. 环比增长速度与定基增长速度之间的关系是(　　)。

   A. 环比增长速度之和等于定基增长速度

   B. 环比增长速度之积等于定基增长速度

   C. 环比增长速度等于定基增长速度

   D. 环比增长速度等于定基增长速度减1

8. 某企业的职工人数比上年增加5%，职工工资水平提高2%，则该企业职工工资总额比上年增长(　　)。

   A. 7%　　　　　　　　　　　　B. 7.1%

   C. 10%　　　　　　　　　　　D. 11%

9. 总速度是(　　)。

   A. 定基发展速度　　　　　　　B. 环比发展速度

   C. 定基增长速度　　　　　　　D. 环比增长速度

10. 以1987年为基期，2013年为报告期，若求平均发展速度需开方计算，应开几次方，下列选项中，正确的是(　　)。

    A. 28　　　　　　　　　　　　B. 27

    C. 26　　　　　　　　　　　　D. 25

11. 已知各期环比增长速度为2%，5%和8%，则相应的定基增长速度的计算方法为(　　)。

    A. 102%×105%×108%

    B. 102%×105%×108%－1

C. 20%×80%×50%

D. 20%×50%×80%－100%

12. 计算发现速度的分子是( )。

   A. 报告期水平   B. 基期水平

   C. 实际水平   D. 计划水平

13. 某小区新增20%住户,每家住户用电量比上年提高5%,则该小区用电量总额增长( )。

   A. 7%   B. 7.1%

   C. 10%   D. 11.1%

14. 平均发展速度是( )。

   A. 环比发展速度的几何平均数

   B. 环比发展速度的算术平均数

   C. 定基发展速度的几何平均数

   D. 定基发展速度的算术平均数

15. 某企业采煤量每年固定增长10吨,则该企业采煤量的环比增长速度为( )。

   A. 年年下降   B. 年年增长

   C. 年年不变   D. 无法判断

16. 某企业产品产量2013年比2008年增长35.10%,则该企业2009—2013年间产品产量的平均发展速度为( )。

   A. $\sqrt[5]{35.10\%}$ B. $\sqrt[5]{135.1\%}$

   C. $\sqrt[6]{35.1\%}$ D. $\sqrt[6]{135.10\%}$

17. 若要观察现象在某一段时期内变动的基本趋势,需测定现象的( )。

   A. 季节变动   B. 循环变动

C. 长期趋势 D. 不规则变动

18. 已知同一个指标不同年度的数值排列顺序,欲求季节比率,则( )。

    A. 用按月(季)平均法

    B. 用移动平均趋势剔除法

    C. 上述两种方法都可以

    D. 上述两种方法都不可以

19. 以1982年为基期,2014年为报告期,若求平均发展速度应开( )次方。

    A. 31 B. 32

    C. 33 D. 29

20. 用最小平方法拟合直线趋势 $y_c=a+bx$,若 b 为负数,表明该现象随着时间推移呈( )。

    A. 上升趋势 B. 下降趋势

    C. 水平趋势 D. 随机波动

21. 某企业隔年的销售额拟合的直线趋势方程式为 $y_c=6+1.5x$,这表明( )。

    A. 时间每增加1年,销售额平均增加1.5个单位

    B. 时间每增加1年,销售额平均减少1.5个单位

    C. 时间每增加1年,销售额平均增加1.5%

    D. 时间每减少1年,销售额平均减少1.5个单位

22. 根据各季度商品销售额数据计算的季节指数分别为:一季度125%,二季度为70%,三季度为100%,四季度为105%,受季节因素影响最大的是( )。

    A. 一季度 B. 二季度

    C. 三季度 D. 四季度

23. 某地区农村家庭年平均收入 2012 年为 15 000 元,2014 年增长了 8%,那么 2014 年与 2013 年相比,增长 1% 的绝对值为(   )元。

   A. 70 B. 80
   C. 400 D. 150

二、多项选择题

1. 下列数列中,属于时期数列的有(   )。

   A. 全国四次人口普查数

   B. 某省近 5 年钢铁产量

   C. 某市近 5 年企业数

   D. 某商场各季末商品库存量

   E. 某商场 1997—2013 年商品销售额

2. 已知各时期环比发展速度和时期数,就可计算(   )。

   A. 平均发展速度 B. 平均发展水平
   C. 定基发展速度 D. 逐期增长量
   E. 累计增长量

3. 用水平法计算平均发展速度时,被开方的数是(   )。

   A. 环比发展速度的连乘积

   B. 定基发展速度的连乘积

   C. 报告期发展水平与基期发展水平之比

   D. 基期发展水平与报告期发展水平之比

   E. 总速度

4. 定基增长速度等于(   )。

   A. 累计增长量除以基期水平

   B. 环比增长速度的连乘积

C. 环比发展速度的连乘积减 1

D. 定基发展速度减 1

E. 逐期增长量分别除以基期水平

5. 时间数列的特征主要有(　　)。

　　A. 长期趋势　　　　　　　　B. 季节变动

　　C. 不规则变动　　　　　　　D. 随机变动

　　E. 循环变动

6. 编制时间数列应遵循的原则包括(　　)。

　　A. 指标数值所属的总体范围应该一致

　　B. 指标的经济含义应该相同

　　C. 指标数值的计算方法应该一致

　　D. 指标数值的计算价格和计量单位应该一致

　　E. 指标数值所属的时期长短或时间间隔应该一致

7. 时点数列的特点主要有(　　)。

　　A. 数列中每个指标数值不能相加

　　B. 数列中每个指标数值可以相加

　　C. 一般来说,数列中每个指标的大小与其间隔长短成正比

　　D. 数列中每个指标数值是通过间断的登记而取得的

　　E. 数列中每个指标数值是通过连续不断的登记而取得的

8. 计算序时平均数的方法有(　　)。

　　A. 简单算术平均法　　　　　B. 加权算术平均法

　　C. 简单序时平均法　　　　　D. 加权序时平均法

　　E. 调和算术平均数

9. 当时间数列中的指标数值存在负数时,不宜采用水平法计算平均发展速度,因为计算结果(　　)。

A. 可能为负数 B. 必然为负数
C. 可能为虚数 D. 等于零
E. 必然为正数

10. 反应现象发展变化程度采用的指标有(　　)。
    A. 发展水平 B. 发展速度
    C. 增长速度 D. 平均发展速度
    E. 平均增长速度

11. 下列各项中,属于时间数列水平指标的有(　　)。
    A. 发展水平 B. 增长量
    C. 发展速度 D. 增长速度
    E. 平均增长量

12. 测定长期趋势的方法主要有(　　)。
    A. 回归方程法 B. 移动平均法
    C. 指数平滑法 D. 半数平均法
    E. 时距扩大法

13. 下列各项有关"增长1%的绝对值"的叙述中,正确的有(　　)。
    A. 前一期发展水平除以100
    B. 本期发展水平除以100
    C. 逐期增长量与环比速度之比
    D. 逐期增长量与定基增长速度之比
    E. 环比发展速度减1

14. 已知一个时间数列各时期环比发展速度和时期数,可计算(　　)。
    A. 平均发展速度 B. 平均发展水平
    C. 定基发展速度 D. 逐期增量
    E. 累计增长量

15. 反映季节变动的指标有(　　)。

  A. 平均发展指标　　　　　　B. 季节比率

  C. 平均增长速度　　　　　　D. 季节指数

  E. 平均增长量

16. 直线趋势方程 $y_c=a+bx$ 中的参数 b 表示(　　)。

  A. 趋势直线的结局　　　　　B. 当 $x=0$ 时，y_c 的数值

  C. 趋势值或理论值　　　　　D. 趋势线的斜率

  E. 当 x 每变动一个单位时，y_c 的平均增减数值

17. 影响时间数列形成的因素有(　　)。

  A. 长期趋势　　　　　　　　B. 人为变动

  C. 季节变动　　　　　　　　D. 不规则变动

  E. 循环变动

18. 下列各项中，属于时期数列的有(　　)。

  A. 销售额的数列

  B. 人口组成的数列

  C. GDP组成的数列

  D. 工业总产出组成的数列

  E. 农村牲畜存栏数组成的数列

三、判断题

1. 时间数列是一种特殊的数列，它不属于变量数列。　　　　　　　　(　　)

2. 在实际统计工作中，为消除长期趋势的影响，常计算年距增长量、年距发展速度和年距增长速度。　　　　　　　　　　　　　　　　　　　　(　　)

3. 发展水平是计算其他动态分析指标的基础，它只能用总量指标来表示。

  　　　　　　　　　　　　　　　　　　　　　　　　　　　(　　)

4. 保证时间数列中各个指标数值具有可比性是编制时间数列应遵守的基本原则。（　）
5. 间隔相等的间断时点数列序时平均数的计算方法采用简单序时平均法。（　）
6. 平均增长速度等于平均发展速度减1。（　）
7. 序时平均数与一般平均数是两个不同的概念，它们之间没有共同点。（　）
8. 若将某市社会商品库存额按时间先后顺序排列，此种时间数序属于时期数列。（　）
9. 平均增长速度不能根据各个环比增长速度直接求得。（　）
10. 时间数列中的指标数值可以是正数，也可以是负数。（　）
11. 定基发展速度反映的是现象在一定时期内发展的总速度。（　）
12. 发展速度都是正数，而增长速度有正负。（　）
13. 平均增长速度是环比发展速度的连乘积。（　）
14. 呈直线趋势的时间数列，其各期环比发展速度大致相等。（　）
15. 时点指标的数值和时期指标数值都可以直接相加。（　）
16. 长期趋势是受某种起决定作用的因素的影响而形成的。（　）
17. 移动平均法只能修匀而不能预测。（　）
18. 某企业2012年产值是150万元，到2014年累计增加产值80万元，则每年平均增长速度为25%。（　）
19. 一个包含长期趋势的时间数列在进行季节变动分析时应先清楚长期趋势的影响。（　）
20. 回归方程法是消除时间数列中的长期趋势影响的唯一方法。（　）
21. 平均增长量是累计增长量的平均数。（　）
22. 平均发展速度是定基发展速度的平均数。（　）

四、思考题

1. 什么是时间数列？它是由几部分构成的？
2. 对时间数列进行深入分析有哪些指标？应该如何计算？
3. 时间数列形成的因素有几个？并简单分析每个影响因素。
4. 平均发展速度有几种计算方法？
5. 时间数列与变量数列有什么不同？
6. 最小平方法进行长期趋势预测的理论根据是什么？
7. 几何平均法和方程法计算平均发展速度有什么不同？
8. 定基发展速度和环比发展速度有什么关系？
9. 用移动平均法分析企业季度销售额时间数列的长期趋势时，应取几项来进行移动平均？
10. 用剩余法进行循环波动分析的基本思路是什么？

五、综合应用题

1. 某市 2013 年城镇单位从业人员人数数列资料如下表所示。

某市 2013 年城镇单位从业人员人数　　　　　　　　　单位：万人

时间	1月1日	3月2日	7月1日	11月1日	12月31日
从业人员	140.2	142.5	144.1	149.5	148.8

请回答：

(1) 关于此数列，下列表述中，正确的有（　　　）。

　　A. 属于时期数列

　　B. 属于时点数列

　　C. 数列中的每个指标数值可以相加

　　D. 数列中的每个指标数值不能相加

(2) 2013 年该市的年平均城镇单位从业人员人数为（　　　）万人。

A. 145.02

B. 145.07

C. 145.12

D. 145.15

(3) 计算 2006 年该市年平均城镇单位从业人员人数的方法称为（　　）。

A. 简单序时平均法

B. 加权序时平均法

C. 简单算术平均法

D. 加权算术平均法

(4) 为了更真实地反映该市城镇单位从业人员的变动情况，应尽可能地收集（　　）数据。

A. 月度

B. 季度

C. 半年度

D. 年度

2. 某企业 2008—2013 年期间工业增加值资料如下表所示。

某企业 2008—2013 年期间工业增加值　　　　单位：万元

年　份	2008	2009	2010	2011	2012	2013
工业增加值	200	220	231	240	252	262

请回答：

(1) 该企业 2008—2013 年期间工业增加数列属于（　　）。

A. 总量指标时间数列

B. 相对指标时间数列

C. 时期数列

D. 时点数列

(2) 该企业 2008—2013 年期间工业增加值的年平均增长量为(　　)。

A. 10.33　　　　　　　　B. 12.40

C. 42.00　　　　　　　　D. 62.00

(3) 该企业 2008—2013 年期间工业增加值的年平均增长速度为(　　)。

A. $\sqrt[5]{\frac{262}{200}} - 1$　　　　　　B. $\sqrt[6]{\frac{262}{200}} - 1$

C. $\sqrt[5]{\frac{262}{200}} + 1$　　　　　　D. $\sqrt[6]{\frac{262}{200}} + 1$

(4) 该企业 2008—2013 年期间年平均工业增加值为(　　)万元。

A. 239.33　　　　　　　B. 239.14

C. 237.43　　　　　　　D. 234.17

3. 某企业 2013 年记录的在册人员如下表所示。

项目	1月1日	6月1日	9月1日	12月1日	12月31日
人数	400	403	407	402	400

试计算该企业 2013 年平均每月人数。

4. 某地区 2008—2013 年社会商品零售额资料如下表所示。(单位:亿元)

项目	2008年	2009年	2010年	2011年	2012年	2013年
零售额	8 100	8 700	9 000	9 300	9 500	9 600

要求:

(1)计算全期平均增长量,平均发展速度和平均增长速度。

(2)计算逐期增长量和累计增长量。

(3) 定基发展速度和环比发展速度；定基增长速度和环比增长速度。

(4) 增减 1% 绝对值。

5. 某商场 2013 年商品销售额为 1 560 万元，该商场计划从 2014 年开始，销售额计划平均每年递增 6.9%，问到 2019 年该商场销售额估计能达到多少万元？

6. 某商场 2013 年商品销售额为 1 560 万元，该商场计划从 2014 年开始，销售额计划平均每年递增 6.9%，问经过多少年该商场销售额能达到 2 800 万元？

7. 某企业 2006 年至 2013 年某种产品单位成本如下表所示。

年　份	2006	2007	2008	2009	2010	2011	2012	2013
单位成本(元)	150	148	149	147	145	144	141	139

(1) 用最小平方法列出直线趋势方程，并指出参数 b 的经济内容。

(2) 估计该产品单位成本 2018 年为多少元？

8. 2000 年到 2006 年我国社会经济发展基本资料如下表所示。

年　份	2000	2001	2002	2003	2004	2005	2006
GDP(万亿人)	9.92	10.97	12.03	13.58	15.99	18.31	30.02
年末人口数(亿人)	12.67	12.76	12.84	12.92	13.00	13.08	13.56
三产比重(%)	27.5	27.7	28.6	29.3	30.6	31.4	32.0
人均工资(元)	937.1	10 870	12 422	14 040	16 024	18 364	32 817

利用以上资料，完成下列题目：

(1) 题干中的几个数列，属于相对数时间数列的是(　　)。

　　A. GDP 数列

　　B. 人口数列

　　C. 三产比重数列

D. 人均工资数列

（2）题干中的几个数列，属于时期数列的是（　　）。

A. GDP 数列

B. 人口数列

C. 三产比重数列

D. 人均工资数列

（3）"十五"期间，我国平均每年 GDP 为（　　）万亿元。

A. 14.18   B. 13.47

C. 15.83   D. 13.14

（4）2001 年到 2006 年我国人口平均数为（　　）亿人。

A. 13.40   B. 13.04

C. 14.03   D. 14.30

（5）2000 年到 2006 年我国 GDP 的累计增长量为（　　）万亿元。

A. 19.14   B. 20.01

C. 8.39   D. 20.10

（6）2000 年到 2006 年我国人口数的定基发展速度为（　　）。

A. 106.27%   B. 107.02%

C. 6.27%   D. 7.62%

（7）2000 年到 2006 年我国 GDP 的年平均发展速度为（　　）。

A. 114.85%   B. 104.85%

C. 113.09%   D. 103.09%

（8）2000 年到 2006 年我国 GDP 的年平均增长速度为（　　）。

A. 14.85%   B. 4.85%

C. 13.09%   D. 3.09%

9. 某地区 2010 年到 2014 年国内生产总值资料如下表所示。

年份	生产总值（亿元）	逐期增长量（亿元）	环比发展速度(%)	环比增长速度(%)	定基增长速度(%)	增长1%绝对值(亿元)
2010	56.3	—	—	—	—	—
2011		3.1				
2012			106.9			
2013				4.3		
2014					7.8	

要求：把表中所缺的数字计算出来并填写在表内空格中。

10. 某企业 2013 年第四季度工业总产值和劳动生产率资料如下表所示。

月 份	10	11	12
工业总值（万元）a	150	168	159.9
劳动生产率（元）b	7 500	8 000	7 800

要求：计算第四季度月平均劳动生产率。

提示：月平均劳动生产率 $= \dfrac{\text{平均月产值}\ \bar{a}}{\text{月平均人数}\ \bar{c}}$

第九章 统计指数

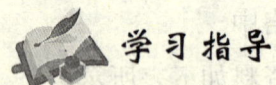
学习指导

指数是一种特殊的经济分析方法,通过本章学习,了解统计指数的概念、作用、编制的原则;如何运用综合指数和平均指数的编制方法,集中常用指数的计算。本节各章的主要内容和学习要点如下表所示。

章 节	主要内容	学习要点
第一节 指数的概念和种类	指数概念,总指数,综合指数,平均指数	重点掌握指数的分类,总指数的两种形式:综合指数和平均指数
第二节 综合指数	综合指数的概念,编制方法,计算方式,拉氏、派氏指数	主要掌握综合指数的编制原则、计算公式,拉氏、派氏指数的编制方法
第三节 平均指数	平均指数的概念,它是综合指数的变形	主要掌握如何把综合指数变形为平均指数,平均指数的权数是什么,固定权数的计算
第四节 指数体系与因素分析	指数体系的概念,因素分析	主要掌握如何利用指数体系进行因素分析,两因素和多因素的分析,指数体系在数量上的对等关系
第五节 指数数列	指数数列的概念、种类、指数数列的权数	重点掌握指数数列的种类,指数数列的权数,指数数列中基期的转换与数列连接
第六节 缩减指数	工农业、商业比价指数、货币购买力指数等	主要掌握工农业商品比价指数、货币购买力指数等的编制
第七节 常用经济指数	物价指数、居民消费物价指数	主要掌握商品零售物价指数,居民消费物价指数的编制

第九章 统计指数

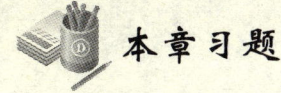 **本章习题**

一、单项选择题

1. 反映现象总规模或总水平变动程度的指数是（　　）。
   A. 质量指标指数　　　　　　　B. 数量指标指数
   C. 平均指数　　　　　　　　　D. 个体指数

2. 反映多种项目或变量综合变动的相对数称为（　　）。
   A. 个体指数　　　　　　　　　B. 总指数
   C. 综合指数　　　　　　　　　D. 平均指数

3. 公式 $\overline{K} = \dfrac{\sum KW}{\sum W}$，称为（　　）。
   A. 固定权数加权算术平均指数公式
   B. 固定权数加权调和平均指数公式
   C. 综合指数公式
   D. 指数体系公式

4. 某企业 2013 年总生产成本比 2012 年上升了 50%，产量增加了 25%，则单位成本提高了（　　）。
   A. 25%　　　　　　　　　　　B. 2%
   C. 75%　　　　　　　　　　　D. 20%

5. 若物价上涨，销售额持平，则销售量指数（　　）。
   A. 增长　　　　　　　　　　　B. 降低
   C. 不变　　　　　　　　　　　D. 与物价上涨幅度一致

6. 平均指数是通过（　　）加权平均而成的指数。

A. 总指数

B. 数量指标指数

C. 质量指标指数

D. 数量指标指数和质量指标指数

7. 编制总指数的两种形式是(　　)。

　A. 个体指数和综合指数

　B. 动态指数和静态指数

　C. 综合指数和平均指数

　D. 数量指标指数和质量指标指数

8. 计算商品销售量指数的目的是测定一下(　　)的总变动。

　A. 各种商品销售量

　B. 各种商品销售额

　C. 各种商品零售价格

　D. 居民购买力

9. 指数划分为综合指数和平均指数的依据是(　　)。

　A. 按指数所反映的对象的范围不同

　B. 按指数所反映的现象特征不同

　C. 按总指数编制方法不同

　D. 按确定同度量因素原则的不同

10. 利用(　　)可以建立对国民经济发展变动的评价和预警系统。

　A. 指数法原理

　B. 因素分析法

　C. 平均指数法

　D. 指数数列

11. 考察总体中个别现象数量变动的相对数称为(　　)。

A. 个体指数 B. 总指数

C. 简单指数 D. 加权指数

12. 拉氏指数方法是指在编制综合指数时( )。

A. 用权数固定在基期

B. 权数固定在报告期

C. 用基期和报告期权数都可以

D. 选择有代表性的做权数

13. 设 q 为商品销售量，p 为商品价格，则综合指数为 $\dfrac{\sum p_0 q_1}{\sum p_0 q_0}$ 的实际经济意义是( )。

A. 反映销售额变动程度

B. 反映价格变动对销售额的影响

C. 反映销售量变动对销售额的影响

D. 反映价格和销售量共同对销售额的影响

14. 下列指数中，属于拉氏数量指数的是( )。

A. $\dfrac{\sum p_1 q_1}{\sum p_0 q_0}$ B. $\dfrac{\sum p_1 q_1}{\sum p_0 q_1}$

C. $\dfrac{\sum q_1 p_0}{\sum q_0 p_0}$ D. $\dfrac{\sum p_1 q_1}{\sum p_1 q_0}$

15. 在指数体系中，总因素指数与各分因素指数之间的数量关系是( )。

A. 总因素指数等于各分因素指数之和

B. 总因素指数等于各分因素指数之差

C. 总因素指数等于各分因素指数之积

D. 总因素指数等于各分因素指数之商

16. 物价上涨以后,同样多的人民币少购15%的商品,则物价上涨(   )。

    A. 117.6%   B. 17.6%
    C. 15.8%   D. 158.8%

17. 某企业2013年工业产值没变,而产量减少5%,则产品价格上涨(   )。

    A. 105.2%   B. 5.2%
    C. 104.9%   D. 4.9%

18. 某商场2013年零售价格指数为105%,这说明(   )。

    A. 商品销售量增长5%
    B. 商品价格上涨5%
    C. 由于价格变动使销售量增长5%
    D. 由于销售量变动使价格增长5%

19. 某商场2013年销售额比2012年增长16%,销售量增长18%,则销售价格增长(   )。

    A. 1.7%   B. -1.7%
    C. 3.7%   D. -3.7%

20. 消费价格指数反映了(   )。

    A. 商品零售价格的变动趋势和程度
    B. 居民购买生活消费品价格变动趋势和程度
    C. 居民购买服务项目的价格变动趋势和程度
    D. 居民购买生活消费品和服务项目价格的变动趋势和程度

二、多项选择题

1. 下列关于综合指数的描述中,正确的有(   )。

    A. 是总指数的一种形式

B. 可变形为平均指数

C. 是由两个总量指标对比而形成的指数

D. 是由两个平均指标对比而得到的指数

E. 是对个体指数进行加权平均而得到的总指数

2. 下列关于平均指数的描述中,正确的有( )。

A. 是个体指数的加权平均数

B. 是计算总指数的唯一形式

C. 是计算总指数的一种形式

D. 可以作为一种独立的指数形式

E. 可作为综合指数的变形形式来使用

3. 三种商品的综合价格指数为105%,其绝对影响为68万元,这表明( )。

A. 三种商品的价格平均上涨5%

B. 由于价格上涨使销售额增长5%

C. 由于价格上涨使居民在维持一定生活水准的情况下多支出68万元

D. 报告期价格与基期价格的绝对差额为68万元

4. 在计算综合指数时,同度量因素时期的选择( )。

A. 应根据指数的经济内容来决定

B. 在计算数量指标综合指数时,应将同度量因素固定在基期

C. 在计算质量指标综合指数时,应将同度量因素固定在报告期

D. 在实际应用中,可将不变价格作为同度量因素

E. 应根据基期或报告期资料是否全面来决定

5. 下列各项中,属于数量指标指数的有( )。

A. 生产销售量指数

B. 产品成本指数

C. 工业总产出指数

D. 零售物价指数

E. 职工人数指数

6. 编制总指数的方法有(　　)。

   A. 综合指数法

   B. 平均指数法

   C. 数量指标指数法

   D. 质量指标指数法

   E. 因素指数法

7. 编制综合指数首先必须明确的概念有(　　)。

   A. 指数化指标   B. 同度量因素

   C. 数量化指标   D. 权数

   E. 指标间的数量关系

8. 指数的作用有(　　)。

   A. 综合反映社会经济现象总体的变动方向

   B. 综合反映社会经济现象总体和变动程度

   C. 分析经济发展变化中各个因素的影响方向和程度

   D. 研究现象和长期变动趋势

   E. 对经济现象进行综合评价和测定

9. 下列各项中,属于质量指标指数的有(　　)。

   A. 产品销售量指数   B. 产品成本指数

   C. 工业总产出指数   D. 零售物价指数

   E. 劳动生产率指数

10. 假定商品零售物价指数为 115.4%,则说明(　　)。

    A. 甲商品零售价格上涨了 15.4%

B. 甲商品零售价格上涨可能超过 15.4%

C. 甲商品零售价格上涨可能低于 15.4%

D. 从总体上看，零售物价上涨了 15.4%

E. 从总体上看，零售物价上涨了 115.4%

11. 同度量因素在指数运算中所起的作用是(　　)。

    A. 比较的作用　　　　　　　B. 权数的作用

    C. 平衡的作用　　　　　　　D. 稳定的作用

    E. 同度量的作用

12. 综合指数一般的编制原则是(　　)。

    A. 数量指数的同度量因素固定在报告期

    B. 数量指数的同度量因素固定在基期

    C. 质量指数的同度量因素应固定在基期

    D. 质量指数的同度量因素应固定在报告期

    E. 固定在基期、报告期都可以

13. 平均指数和综合指数的关系是(　　)。

    A. 平均指数是综合指数的两种形式

    B. 二者是总指数的两种形式

    C. 在一定权数下,二者可以互变

    D. 不存在变形关系

    E. 综合指数是平均指数的变形

14. 下列各项中,属于质量指标指数的有(　　)。

    A. 企业产值指数　　　　　　B. 职工工资指数

    C. 商品零售价格指数　　　　D. 产品单位成本指数

    E. 劳动生产率指数

15. 拉氏指数的基本公式有(　　)。

A. $\dfrac{\sum p_1 q_1}{\sum p_0 q_1}$ B. $\dfrac{\sum p_1 q_0}{\sum p_0 q_0}$

C. $\dfrac{\sum q_1 p_0}{\sum q_0 p_0}$ D. $\dfrac{\sum q_1 p_1}{\sum q_0 p_1}$

16. 某企业为了分析本厂生产的三种产品产量的变动情况,已计算产量指数为110%,这一指数为(　　)。

    A. 总指数　　　　　　　　B. 综合指数

    C. 个体指数　　　　　　　D. 质量指数

    E. 数量指数

17. 在编制综合指数时,首先必须(　　)。

    A. 计算个体指数

    B. 确定指数化因素

    C. 确定同度量因素

    D. 选择同度量因素所属的时期

18. 假设甲、乙、丙三种商品的零售物价指数为115.4%,则说明(　　)。

    A. 甲商品零售价格上涨了15%

    B. 甲商品价格上涨可能超过15.4%

    C. 甲商品价格上涨可能低于15.4%

    D. 三种商品价格平均上涨15.4%

    E. 三种商品价格平均上涨了115.4%

19. 三种商品的价格指数为105%,绝对额增长68万元,这表明(　　)。

    A. 三种商品的价格平均上涨5%

    B. 由于价格上涨使销售额增长5%

    C. 由于价格上涨5%,使销售额增加68万元

D. 由于价格上涨5%,使居民购买商品时多支出68万元

E. 由于销售量上涨5%,使居民购买商品时多支出68万元

20. 下列指数中,属于数量指标指数的有(　　)。

A. 产品销售量指数

B. 产品成本指数

C. 农产品产量指数

D. 零售物价指数

E. 职工人数指数

三、判断题

1. 总指数最主要的作用是综合反映社会经济现象总体的变动方向和变动程度。　　　　　　　　　　　　　　　　　　　　　　(　　)

2. 个体指数是综合指数的一种形式。　　　　　　　　　　(　　)

3. 平均指数是综合指数的一种形式。　　　　　　　　　　(　　)

4. 同度量因素时期选择的一般原则是:数量指标综合指数的同度量因素时期固定在报告期,质量指标综合指数的同度量因素时期固定在基期。

(　　)

5. 如果基期或报告期的资料不全,就不能计算总指数。　　(　　)

6. 指数一般是用百分比表示的相对数。　　　　　　　　　(　　)

7. 同度量因素的作用是把不能直接相加的指标过渡到能够相加和比较的指标。　　　　　　　　　　　　　　　　　　　　　　(　　)

8. 某企业按1990年不变价格编制的2007年工业总产出指数为134.8%,这表明该企业2007年的产量是1990年的1.348倍。　(　　)

9. 指数体系可以测定各因素的变动对总变动的影响,进行因素分析。

(　　)

10. 居民消费价格指数(CPI)属于静态指数。   (   )

四、综合应用题

1. 某商场三种商品销售量和零售价格资料如下表所示。

产品名称	价格(元/件)		销售量(件)	
甲	200	220	4 000	5 000
乙	100	120	8 000	6 000
丙	160	150	3 000	4 000

若根据上述资料编制三种商品的销售量指数和零售价格指数,并分析销售量和价格变动对销售额的影响,请回答下述问题:

(1) 销售量指数为(   )。

　　A. 107.69%　　　　　　　　B. 116.35%

　　C. 92.86%　　　　　　　　 D. 90.56%

(2) 商品零售价格指数为(   )。

　　A. 105.67%　　　　　　　　B. 108.04%

　　C. 90.28%　　　　　　　　 D. 94.62%

(3) 销售量变动对销售额的影响程度和金额分别为(   )。

　　A. 由于销售量的变动,使销售额增长 16.35%,增加 34 万元

　　B. 由于销售量的变动,使销售额增长 7.09%,增加 16 万元

　　C. 由于销售量的变动,使销售额下降 7.14%,减少 14 万元

　　D. 由于销售量的变动,使销售额下降 9.44%,减少 19 万元

(4) 价格变动对销售额的影响程度和金额分别为(   )。

　　A. 由于价格的变动,使销售额增长 5.67%,增加 13 万元

　　B. 由于价格的变动,使销售额增长 8.04%,增加 18 万元

C. 由于价格的变动,使销售额下降 9.72%,减少 18 万元

D. 由于价格的变动,使销售额下降 5.38%,减少 12 万元

2. 某企业三种产品的单位成本和产量资料如下表所示。

产品名称	单位产品成本(元/吨)		产量(吨)	
甲	350	320	50	60
乙	180	176	50	50
丙	30	30	160	200

若根据上述资料编制三种产品的总成本指数、成本总指数、产量总指数,并分析由于单位产品成本和产量变动对产品总成本的影响,请回答下述问题:

(1) 总成本指数为( )。

  A. 108.62%   B. 118.04%

  C. 92.05%   D. 98.45%

(2) 产量总指数为( )。

  A. 114.86%   B. 115.02%

  C. 86.94%   D. 87.06%

(3) 成本总指数为( )。

  A. 96.57%   B. 94.44%

  C. 105.88%   D. 106.65%

(4) 单位产品成本变动对销售额的影响程度和金额分别为( )。

  A. 由于单位产品成本的变动,使总成本增长 5.88%,增加 2 117 元

  B. 由于单位产品成本的变动,使总成本增长 6.65%,增加 2 400 元

  C. 由于单位产品成本的变动,使总成本下降 5.56%,减少 2 000 元

  D. 由于单位产品成本的变动,使总成本下降 3.43%,减少 1 235 元

(5) 产量变动对总成本的影响程度和金额分别为(　　)。

　　A. 由于产量的变动,使总成本增长 15.02%,增加 4 700 元

　　B. 由于产量的变动,使总成本增长 14.86%,增加 4 650 元

　　C. 由于产量的变动,使总成本下降 13.06%,减少 4 087 元

　　D. 由于产量的变动,使总成本下降 12.94%,减少 4 050 元

3. 根据下表资料,计算销售量总指数和由于销售量变动而增加(减少)的销售额。

商品名称	计量单位	销售量增长速度(%)	基期销售额(万元)	报告期销售额(万元)
甲	千克	7.6	158	170
乙	箱	4.8	160	164

4. 已知下表资料。

商品	销售额(万元)		2014 年比 2013 年销售量增长(%)
	2013 年	2014 年	
甲	500	540	17
乙	400	450	11

要求:

(1) 计算销售量总指数。

(2) 推算价格总指数。

5. 某企业生产两种产品,资料如下表所示。

计量单位	产量		价格(元)	
	基期	报告期	基期	报告期
甲	件	2 000	2 100	78	81
乙	台	155	150	95	98

要求：

(1) 计算产量总指数和由于产量变化对工业产值的影响。

(2) 计算价格总指数和由于价格变化对工业产值的影响。

(3) 计算工业总产值总指数和增减的绝对额。

(4) 用文字说明分析结果。

6. 某商场几种商品的销售量和价格如下表所示。

商品	计量单位	销售量		价格(元)	
		q_0	q_1	p_0	p_1
甲	件	60	64	150	153
乙	台	70	72	260	264
丙	箱	80	77	280	282

要求：

(1) 用拉氏和派氏公式编制销售量和物价指数。

(2) 比较两种公式编制的销售量和物价指数的差异。

7. 某企业三种产品的单位成本和产量资料如下表所示。

产品名称	单位产品成本(元/吨)		产量(吨)	
	基期	报告期	基期	报告期
甲	400	410	46	48
乙	370	375	72	70
丙	280	276	65	68

要求：

(1) 计算三种产品总成本、总指数和增减绝对额。

(2) 从相对数和绝对数上分别分析：

a) 产量变化对总成本的影响。

b) 单位成本对总成本的影响。

8. 某企业集中产品的单位成本和总成本资料如下表所示。

产品名称	总成本(千元)		单位成本增长速度(%)
	基期	报告期	
甲	78	80	3.6
乙	60	59	1.7
丙	95	93	2.1

根据上述资料,计算单位成本总指数及由于单位成本变动使总成本增(减)绝对额。

9. 已知下表资料。

产品名称	产量(吨)		每吨产品原材料消耗量(吨)		每吨材料价格(元)	
	基期	报告期	基期	报告期	基期	报告期
	Q_0	Q_1	M_0	M_1	P_0	P_1
甲	150	162	1.2	1.1	210	215
乙	120	125	1.6	1.5	328	332

要求:

(1) 计算原材料费用总额指数和增(减)绝对数。

(2) 从相对数和绝对数两方面分别分析:

a) 产量变化对费用总额的影响。

b) 单位产品原材料消耗量变化对费用总额的影响。

c) 原材料价格变化对费用总额的影响。

五、思考题

1. 什么是总指数？分哪几种？
2. 什么是同度量因素？它有什么作用？
3. 综合指数编制的基本原则是什么？
4. 综合指数和平均数指数有什么区别和联系？
5. 什么是指数体系？它有什么作用？
6. 指数体系在数量上的对等关系是什么？
7. 构造综合指数时需要考虑哪些问题？

第十章 相关分析和回归分析

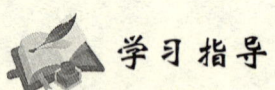 学习指导

相关分析和回归分析是一种重要的统计分析方法,通过本章学习,要了解相关关系的概念、种类、相关系数和一元、多元线性和非线性相关的计算,对相关系数的统计检验。本章的内容和要点列表如下。

章　节	主要内容	学习要点
第一节　相关关系的概念和种类	相关关系的概念、种类、相关分析的主要内容和任务	主要掌握相关关系与函数关系的区别,相关关系的种类,自变量与因变量的关系
第二节　一元线性回归方程与相关系数	相关关系的计算,一元线性回归方程建立的理论依据。样本回归方程的评价	主要掌握一元线性回归方程的建立、参数的经济内容和计算公式,样本回归方程如何评价
第三节　回归方程的显著性检验与区间估计	回归方程的显著性检验,估计标准误差与区间估计	主要掌握回归方程的显著性检验的方法和公式;估计标准误差与区间估计的方法和公式
第四节　一元非线性回归方程与相关系数	指数曲线回归方程,相关系数,指数曲线回归方程的显著性检验与区间估计	主要掌握指数曲线回归方程的建立、方程式、参数的计算、区间估计的方法

本章习题

一、单项选择题

1. 相关分析研究的是（　　）。
   A. 变量间的相互依存关系
   B. 变量间的因果关系
   C. 变量间严格的一一对应关系
   D. 变量间的线性关系

2. 测定变量之间相关关系密切程度的主要指标是（　　）。
   A. 相关表　　　　　　　　B. 相关图
   C. 相关系数　　　　　　　D. 定性分析指标

3. 下列各项中，属于负相关的有（　　）。
   A. 固定资产与产量关系
   B. 身高与体重关系
   C. 单位产品成本与产量关系
   D. 亩产量和施肥量关系

4. 相关系数 γ 的取值为（　　）。
   A. $\gamma < 1$　　　　　　　　B. $\gamma > 1$
   C. $|\gamma| \leqslant 1$　　　　　　　D. $|\gamma| \geqslant 1$

5. 相关系数等于零，表明两个变量（　　）。
   A. 是函数关系　　　　　　B. 不存在相关关系
   C. 不存在线性相关关系　　D. 存在曲线相关关系

6. 相关关系在 $\pm 0.5 \sim \pm 0.8$ 之间，称为（　　）。
   A. 不相关　　　　　　　　B. 低度相关

C. 高度相关 D. 显著相关

7. 下列现象中,其相关密切程度最高的是( )。

   A. 某商场销售量与销售额之间的相关关系是 0.7
   B. 流通费用水平与利润率之间的相关系数为 -0.92
   C. 商品销售额与利润率之间的相关系数为 0.51
   D. 身高与体重之间的相关系数为 0.81

8. 相关分析中,用于判断两个变量之间相关关系的图形是( )。

   A. 直方图 B. 线形图
   C. 饼图 D. 散点图

9. 评价回归直线拟合优度的指标是( )。

   A. 回归系数 b B. 直线截距 a
   C. 判定系数 r^2 D. 相关系数 r

10. 下列关于估计标准误差的说法中,正确的是( )。

    A. 数值越大,说明回归直线的代表性越大
    B. 数值越大,说明回归直线的代表性越小
    C. 数值越大,说明回归直线的实用价值越大
    D. 数值越大,说明回归直线的实用价值越小

11. 年劳动生产率 y(千元)和工人工资 x(元)之间的回归方程为 $y_c = 20 + 30x$,意味着劳动生产率每提高 2 千元时,工人工资平均( )。

    A. 增加 80 元 B. 增加 60 元
    C. 减少 80 元 D. 减少 60 元

12. 变量 x 与 y 之间的负相关是指( )。

    A. x 数值增大时,y 也随着增大
    B. x 数值增大时,y 也随之减少
    C. x 数值减少时,y 也随之减少

D. y 的取值几乎不受 x 取值的影响

13. 在相关系数 $r=1$ 时,说明两个变量之间的关系是( )。

    A. 完全不相关　　　　　　　　B. 完全相关

    C. 完全正相关　　　　　　　　D. 完全负相关

14. 设某种产品产量为 1 000 件时,其生产成本为 30 000 元,其中固定成本为 6 000 元,则生产总成本对产量的一元线性回归方程为( )。

    A. $y=6+0.24x$

    B. $y=6\,000+24x$

    C. $y=24\,000+6x$

    D. $y=24+6\,000x$

二、多项选择题

1. 现象之间的关系为相关关系的有( )。

    A. 家庭收入越多,消费支出也会越多

    B. 产量越多,单位成本就会越少

    C. 圆的面积与半径的关系

    D. 固定资产与产量之间的关系

    E. 身高与体重的关系

2. 测定现象之间线性关系的方法有( )。

    A. 对现象进行定性分析

    B. 制定相关表

    C. 绘制散点图

    D. 计算相关系数

    E. 计算估计标准误差

3. 从变量之间相互关系的表现形式上看,相关关系可分为( )。

A. 正相关 B. 负相关
C. 直线相关 D. 曲线相关
E. 不相关和完全相关

4. 下列关于一元线性回归分析的说法中,正确的有(   )。
   A. 两个变量必须明确哪个是自变量,哪个是因变量
   B. 回归方程是据以利用自变量给定的值来估计因变量的数值
   C. 可能存在着 y 对 x 和 x 对 y 两个回归方程
   D. 确定回归方程时自变量是给定的,因变量是随机的
   E. 回归系数只有正号

5. 相关系数表明两个变量之间(   )。
   A. 线性关系 B. 因果关系
   C. 变异程度 D. 相关方向
   E. 相关的密切程度

6. 相关系数 r 的值(   )。
   A. 可为正值 B. 可为负值
   C. 可大于 1 D. 可等于 −1
   E. 可等于 1

7. 回归分析的目的有(   )。
   A. 确定两个变量之间的变动关系
   B. 用因变量推算自变量
   C. 用自变量推算因变量
   D. 两个变量相互推算
   E. 确定两个变量之间的相关程度

8. 经测定,某工厂生产的产品单位成本(元)与产量(千件)变化的回归方程为 $y_c = 88 - 3x$,这表示(   )。

A. 产量为 1 000 件时,单位成本为 85 元

B. 产量为 1 000 件时,单位成本为 88 元

C. 产量每增加 1 000 件时,单位成本下降 3 元

D. 产量增加 1 000 件时,单位成本下降 85 元

E. 单位成本为 79 元时,产量为 3 000 件

9. 估计标准误差的作用有(　　)。

A. 回归方程的代表性

B. 样本的变异程度

C. 估计值与实际值的平均误差

D. 样本指数的代表值

E. 总体的变异程度

10. 两个变量之间的相关系数 $r=0.91$,则说明(　　)。

A. 是正相关

B. 线性相关

C. 负相关

D. 对这两个变量之间的相关系数进行检验时使用 t 检验

E. 使用 F 检验

11. 下列关于回归方程统计检验的说法中,正确的有(　　)。

A. 对线性回归方程进行检验时,需进行 F 检验

B. 需进行 t 检验

C. 需进行 R 检验

D. 对回归系数的显著性检验时,需进行 F 检验

E. 对回归系数的显著性检验,需进行 t 检验

12. 下列关于相关系数和函数关系的叙述中,正确的有(　　)。

A. 相关关系是函数关系的一种特例

B. 函数关系是完全相关关系
C. 函数关系是相关关系的一种特例
D. 相关关系就是一种线性相关关系
E. 完全不相关就是独立

三、判断题

1. 相关关系和函数关系都是指变量之间存在着确定性的数量关系。（   ）
2. 如果两个变量的变动方向一致，则二者是正相关关系。（   ）
3. 假定变量 $x=5$，y 的相关系数为 0.70，则 x 与 y 为高度相关。（   ）
4. 相关系数都是正数或都是负数。（   ）
5. 进行相关分析和回归分析，必须以定性分析为前提。（   ）
6. 回归系数 b 和相关系数 r，可以相同也可以不相同。（   ）
7. 在直线回归分析中，两个变量是对等的，不需要区分自变量和因变量。（   ）
8. 相关系数越大，则估计标准差的值越大。（   ）
9. 正相关指的是两个变量都是上升的。（   ）
10. 回归系数和相关系数都是用来判断现象之间关系密切程度的。（   ）
11. 若直线回归方程 $y=170-2.5x$，则变量 x 与 y 之间存在着负相关的关系。（   ）
12. 产量随着固定资产增加而增加，则二者存在负相关关系。（   ）

四、思考题

1. 解释相关关系的含义，说明相关关系的种类。
2. 相关分析的主要内容是什么？
3. 什么是相关系数？应如何取值？

4. 为什么要对相关系数进行显著性检验？其检验步骤是什么？
5. 简述最小平方法估计的基本原理。
6. 简述判定系数的含义和作用。
7. 在回归分析中，F 检验和 t 检验各有什么作用？
8. 怎样评价回归分析的结果？
9. 简要说明残差分析在回归分析中的作用。

五、综合应用题

1. 某工厂生产的某种产品产量与单位成本资料如下表所示。

年份	产量(件)	单位成本(元/件)
2008	3	50
2009	3.2	49
2010	3.4	51
2011	3.2	53
2012	3.5	50
2013	3.7	48

要求：

(1) 计算相关系数。

(2) 建立产量与单位成本的直线回归方程，指出参数 b 的经济含义。

(3) 该工厂 2015 年计划产量达到 6.8 千件时，计算单位成本为多少？

2. 已知 $n = 5$，$\sum X = 15$，$\sum X^2 = 55$，$\sum XY = 506$，$\sum Y = 158$，$\sum Y^2 = 5\,100$

要求：

(1) 计算相关系数。

(2) 建立直线回归方程。

3. 5 位同学统计学的学习实践与成绩分数如下表所示。

同学编号	每周学习时数(小时)	学习成绩(分)
1	4	40
2	6	60
3	7	50
4	9	70
5	10	90

要求：

(1) 计算学习成绩与学习时数的相关系数。

(2) 建立直线回归方程。

(3) 计算估计标准误差。

4. 某水泥厂 2014 年上半年固定资产和水泥产量资料如下表所示。

月份	固定资产(万元)	产量(吨)
1	950	360
2	970	364
3	1 000	367
4	1 150	369
5	1 200	372
6	1 310	380

要求：

(1) 计算固定资产与水泥产量的相关系数。

(2) 建立直线回归方程并提出参数 b 的经济内容。

(3) 估计固定资产为 1 420 万元，水泥产量为多少？

5. 某公司的 10 家下属企业的产量与单位生产费用资料如下表所示。

产量(万件)	40	42	48	55	65	79	88	100	120	140
单位生产费用(元/万件)	150	140	138	135	120	110	105	98	88	78

要求：

(1) 画出相关图，并判断产量与单位生产费用之间的相关方向。

(2) 计算相关系数，指出产量与单位生产费用之间的相关方向和相关系数。

(3) 确定自变量和因变量，拟合直线回归方程，指出参数 b 的经济意义。

(4) 计算估计标准误差。

(5) 对相关系数进行检验(显著性水平取 0.05)。

(6) 在 95% 的置信水平下，计算当产量为 130 万件时单位生产费用的置信区间。

6. 某地区资料如下表所示。

年份	人均可支配收入(万元)	商品销售额(万元)
2009	2.60	2 200
2010	2.70	2 270
2011	2.78	2 350
2012	2.90	2 400
2013	3.10	2 480
2014	3.15	2 530

要求：

(1) 计算相关系数。

(2) 建立直线回归方程。

(3) 估计 2016 年人均可支配收入为 3.5 万元之时，商品销售额为多少？

(4) 计算估计标准误差。

附 录

模 拟 试 题 一

一、单项选择题(每小题1分,共10分)

1. 公司员工在下列变量中,属于定类变量的是(   )。
   A. 年龄   B. 民族
   C. 学历   D. 月工资额

2. 如果按横坐标制作的和星图共有5条竖线,其中方盒部分有3条竖线,并且距离不等。则方盒中间竖线所对应的是数据集的(   )。
   A. 中位数   B. 均值
   C. 极差   D. 众数

3. 某高校调查毕业生首先就业意向领域,设置了公务员、事业单位、国企、外企、民企、自主创业等共6个选择。如果使用图形工具描述被调查者首选就业意向分布情况,应使用(   )。
   A. 直方图   B. 条形图
   C. 散点图   D. 盒形图

4. 将一个数据集的最大值、上四分位数、中位数、下四分位数和最小值分别标记为 $x_{\max}$、Q_U、M_e、Q_L、$x_{\min}$,则极差为(   )。
   A. $x_{\max} - x_{\min}$ B. $Q_U - M_e$
   C. $M_e - Q_L$ D. $Q_U - Q_L$

5. 如果一个数据集的频数分布不对称,则必然有( )。

    A. 峰度不为零

    B. 偏度不为零

    C. 均值不为零

    D. 标准差不为零

6. 回归分析中,如果将总的平方和、回归平方和、误差平方和分别用 SST、SSR、SSE 来标记,则判定系数为( )。

    A. SSE/SST   B. SSE/SSR

    C. SSR/SST   D. SST/SSR

7. 当样本容量足够大时,无论总体分布形态如何,样本均值的抽样分布都可以用正态分布来近似。这里的"样本容量足够大"通常是指样本容量大于等于( )。

    A. 5   B. 10

    C. 30   D. 100

8. 对总体均值做左侧检验,正确的假设方式是( )。

    A. $H_0: \mu = \mu_0$

       $H_1: \mu \neq \mu_0$

    B. $H_0: \mu > \mu_0$

       $H_1: \mu \leq \mu_0$

    C. $H_0: \mu \geq \mu_0$

       $H_1: \mu < \mu_0$

    D. $H_0: \mu \leq \mu_0$

       $H_1: \mu > \mu_0$

9. 帕氏价格综合指数是使用( )。

    A. 报告期销售量

    B. 报告期与基期的算术平均销售量

    C. 基期销售量

    D. 报告期与基期的几何平均销售量

10. 如果随着样本容量增大,估计量的值越来越接近所估计的总体参数,则称该估计量为待估计总体参数的( )。

   A. 有偏估计量
   B. 有效估计量
   C. 一致估计量
   D. 无偏估计量

二、判断题(正确的在括号内划"√",错误的划"×",每小题 1 分,共 10 分)

1. 统计研究的最终目的,是要用总体参数来推断样本统计量。因此,统计推断方法是统计学方法体系中的主体。 ( )

2. 极差仅依据两个数据计算,而且会受到极端值的影响。标准差则依据每个数据计算,相对而言受极端值影响较小。 ( )

3. 总体均值置信区间的宽度与置信度和标准误差(即抽样平均误差)有关。其他条件不变的情况下,我们要求的置信度越高,区间就越宽;标准误差越小,区间就越窄。 ( )

4. 总体标准差一定的情况下,样本均值的标准误差(即抽样平均误差)与样本容量有关:样本容量越大,标准误差越小。 ( )

5. 做假设检验时,如果拒绝了原假设,就可能犯第一类错误即"拒真"错误。我们为犯这一类错误概率设置的控制上限,就是所谓的显著性水平 α。
( )

6. 如果判定系数 $r^2=0$,就意味着回归直线的斜率为 0。 ( )

7. 判定系数是皮尔逊相关系数的平方。通常情况下,判定系数总是小于对应的皮尔逊相关系数的绝对值。 ( )

8. 某地在公务员和事业单位中抽取一个样本调查平均工资水平。计算发现,月平均工资 4 000 元在公务员样本中的标准得分为-0.5,在事业单位样本中的标准得分为 0.5。这说明事业单位样本平均工资高于公务员样本平均工资。   （   ）

9. 两个环比发展速度的商等于对应的定基发展速度。   （   ）

10. 如果相比较两个不同性质变量数据分布的离散程度,应当使用离散系数。离散系数是标准差与均值的比值,没有计量单位。   （   ）

三、填空题

1. 总体均值置信区间的宽度与置信度和标准误差(即抽样平均误差)有关。我们要求的置信度越高,区间就越_____;标准差越大,区间就越_____。

2. 当样本容量充分大时,样本比率 p 的抽样分布近似服从正态分布。这里的"样本容量充分大"是指 np 大于等于_____,同时 $n(1-p)$ 大于等于_____。

3. 如果原时间序列存在明显的周期性,则使用移动平均方式来求长期趋势时,应以周期的长短(即一个周期包含的项数)作为移动平均的项数。这样做的目的是在消除_____波动的同时,也能消除_____波动。

4. 某品牌袋装咖啡商标上标明:净重不低于 1.5 千克。现随机抽查了 45 袋,测量其平均重量为 1.45 千克。如果想通过单侧检验的方法,判断该品牌袋装咖啡总体平均重量是否与商标上的说明相符,应当作_____侧检验;拒绝原假设的规则是检验统计量_____临界值。

5. 估计总体比率所需的样本容量与置信度、总体方差、极限误差有关。其中,样本容量大小与要求的置信度成_____比,与要求的极限误差成_____比。

四、简单计算题(每小题 5 分。共 20 分,小数一律保留两位)

1. 某校一个包含 36 名大学生的随机样本显示:每天平均上网时间为 3.32 小时,标准差为 1.61 小时。试构造该校学生总体每天平均上网时间 95% 的置信区间。[$t_{0.025}(35)=2.03$]

2. 某大型连锁超市经常受到销售过保质期商品的投诉。管理部门去检查时,超市负责人宣称其出售的绝大多数商品均未过保质期,只有不超过 1% 的商品因工作疏忽可能在销售时已经过保质期。管理部门在货架上随机抽取了 400 件商品检查,发现过保质期的有 12 件,比率为 3%。试以 0.05 的显著性水平检验($Z_{0.025}=1.645$)超市负责人的说法是否成立。

3. 某粮食批发市场有关数据如下表所示。

品种	批发价格(千元)		销售量(吨)	
	4月	5月	4月	5月
大米	2	2.4	500	400
面粉	1.8	1.9	800	900

试编制拉氏批发价格综合指数。

4. 某班级 23 名学生的外语课考试分数为:
10、60、60、60、71、74、75、75、76、77、78、78
78、79、79、80、81、82、82、83、83、84、95
求该班考试分数的下四分位数、中位数、上四分位数和四分位差。

五、综合计算题（共 50 分，要求有公式或算式，小数一律保留两位）

1. 某地抽取一个随机样本，调查居民平均每月用于居住的支出（含租房、自住房购房按揭）水平，数据如下表所示。

支出水平	数量（户）
1 千元以下	4
1 千~2 千元	8
2 千~3 千元	14
3 千~4 千元	6
4 千元以上	4
合　　计	36

试根据表中数据：

(1) 计算样本均值、标准差。

(2) 以 0.05 的显著性水平检验（$Z_{0.025}=1.645$）"该地居民户总体每月用于居住的平均支出水平不超过 2 千元"的说法是否成立？（20 分）

2. 某化妆品公司拟通过抽样推断的方法，了解购买本公司产品的顾客月平均收入水平，以确定新产品的售价。公司市场调研部门先期组织的一项小规模抽样调查显示，样本月收入的标准差为 1 000 元。如果将置信度确定为 95%（$Z_{0.025}=1.96$），并希望极限误差不超过 300 元，正式调查时样本容量至少应为多少？

如果置信度不变,要求的极限误差缩小为不超过 200 元,正式调查时样本容量至少应为多少?(10 分)

3. 某地近 7 年来,因各种原因减少的耕地面积呈直线上升趋势,具体数据如下表所示。

年份	耕地减少数量(万公顷)
2004	1
2005	1.2
2006	1.3
2007	1.3
2008	1.5
2009	1.7
2010	1.8

试根据上述资料:

(1) 用最小平方法拟合趋势直线。

(2) 预测该地 2011 年耕地减少数量。(20 分)

模拟试题二

一、单项选择题(每小题1分,共15分)

1. 下列变量中,属于定类变量的是( )。

    A. 年龄

    B. 工资

    C. 汽车产量

    D. 购买商品时所选择的支付方式

2. 从总体中抽取一个个体后不再放回总体,然后再从所剩下的个体中抽取第二个个体,直至抽取 n 个个体为止,这样的抽样方法称为( )。

    A. 重复抽样   B. 不重复抽样

    C. 分层抽样   D. 整群抽样

3. 下列各项中,最适合描述总体结构的是( )。

    A. 条形图   B. 饼形图

    C. 散点图   D. 直方图

4. 将某企业职工的月收入一次分为 2 000 元以下、2 000~3 000 元、3 000~4 000 元、4 000~5 000 元、5 000 元以上几个组。第一组的组中值近似为( )元。

    A. 2 000   B. 1 000

    C. 15 000   D. 2 500

5. 下列关于众数的叙述中,不正确的是( )。

A. 一组数据可能存在多个众数

B. 众数主要适用于分类数据

C. 一组数据的众数是唯一的

D. 众数不受极端数值的影响

6. 根据样本有关数据,建立了一个关于收益率 y 与投资额 x 的估计的线性回归方程 $\hat{y}=77.5+0.19x$,这个回归方程表明(　　)。

A. 投资额越大收益率越高

B. 投资额越大收益率越低

C. 投资额与收益率高度相关

D. 投资额与收益率无关

7. 下列关于判定系数 r^2 的说法中,正确的是(　　)。

A. r^2 的算术平方根是皮尔逊积差相关系数 r

B. r^2 的取值范围是 ±1 之间

C. r^2 的取值为负数时,说明随着自变量的增加,因变量相应减少

D. r^2 的取值为 0 时,说明两个变量间无限性相关关系

8. 已知总体的均值为 50,标准差为 8,从该总体中随机抽取容量为 64 的样本,则样本均值的期望值为(　　),抽样分布的标准误差为(　　)。

A. 50　8　　　　　　　　　　B. 50　1

C. 50　4　　　　　　　　　　D. 8　8

9. 下列某股份公司的特征中,属于品质变量的是(　　)。

A. 所属行业　　　　　　　　B. 总股本

C. 流通股本　　　　　　　　D. 从业人员数

10. 当置信度一定时,置信区间的宽度(　　)。

A. 随着样本量的增大而减小　　B. 随着样本量的增大而增大

C. 与样本量的大小无关　　　　D. 与样本量的平方根成正比

11. 一个估计量的有效性是指( )。
    A. 其数学期望等于被估计的总体参数
    B. 其等于被估计的总体参数
    C. 其方差比其他估计量的方差大
    D. 其方差比其他估计量的方差小

12. 通常所说的大样本是指样本容量大于等于( )。
    A. 30   B. 60
    C. 100   D. 120

13. 根据中国社会调查所的一项调查,74%的被调查者认为外资银行进入中国市场对中国本土的资本市场有很大的促进作用,25%的被调查者则认为外资银行进入中国市场对中国本土的资本市场不利。上述两个百分数称为( )。
    A. 结构相对数   B. 强度相对数
    C. 比例相对数   D. 比较相对数

14. 如果皮尔逊相关系数 $r=0$,则表明两个变量之间( )。
    A. 相关程度较低   B. 不存在相关关系
    C. 不存在线性相关关系   D. 不存在非线性相关关系

15. 增长速度是时间序列中( )。
    A. 报告期观察值与基期观察值之比
    B. 报告期观察值与基期观察值之比减1
    C. 报告期观察值与基期观察值之比加1
    D. 基期观察值与报告期观察值之比减1

二、多项选择题(每小题1分,共5分)

1. 下列指标中,属于时点总量指标的有( )。

A. 职工人数

B. 粮食产量

C. 油料播种面积

D. 商品库存量

E. 牲畜存栏数

2. 描述数据分布的离散趋势可以使用(　　)。

A. 均值　　　　　　　　B. 中位数

C. 方差　　　　　　　　D. 全距

E. 标准差

3. 下面关于假设检验两类错误的陈述中,正确的有(　　)。

A. 如果原假设为真而拒绝了原假设,就犯了第一类错误,即"弃真"错误

B. 如果原假设不真而未拒绝原假设,就犯了第二类错误,即"取伪"错误

C. 其他条件不变,减少"弃真"错误的概率就会增大"取伪"错误的概率

D. 显著性水平 α 是设定的"弃真"错误上限

E. $1-\alpha$ 是"取伪"错误的概率

4. 时间数列的构成因素有(　　)。

A. 长期趋势

B. 集中趋势

C. 季节变动

D. 循环变动

E. 不规则变动

5. 下列关于相关系数 r 的说法中,正确的有(　　)。

A. r 的绝对值在 0~1 之间

B. r 没有计量单位

C. r 为负数时,说明随着一个变量的减少,另一个变量也相应减少

D. r 等于 0 时,说明两个变量间没有相关关系

E. r 的平方是判定系数

三、判断题(正确的在括号内划"√",错误的划"×",每小题1分,共5分)

1. 在指数分析中,同度量因素的作用是同度量和权数的作用。（   ）
2. 四分位差是第 4 四分位数与第 1 四分位数之差。（   ）
3. 如果想检验总体均值是否高于某个值,应当做左侧检验。（   ）
4. 加权算术平均指数的公式是 $\dfrac{\sum k_q q_0 p_0}{\sum q_0 p_0}$,其中 k_q 是权数。（   ）
5. 根据经验法则,钟形分布数据中标准分数小于等于 3 的数据是正常值。

（   ）

四、填空题(每空1分,共10分)

1. 拉氏综合指数使用_____期权书,派氏综合指数使用_____期权数。
2. 统计测量尺度包括_____测量、_____测量、_____测量、_____测量。
3. 一个包含了 8 年共 32 个季度的电视机销售量数据显示,该时间数列存在长期趋势、不规则变动和季节变动,每 4 个季度为一个变化周期。如果使用移动平均法求长期趋势,则移动时距(项数)应为_____项;如果计算季节比率,则各季节比率之和应当等于_____。
4. 回归分析中,因变量 y 的全部变异可以用总的平方和 SST 来表示,SST 又被分解为两个部分:回归平方和 SSR,误差平方和 SSE,如果 SSR 等于 SST,则判定系数等于_____;如果 SSE 等于 SST,则判定系数等于_____。

五、简单计算题(每题 5 分,共 15 分,小数一律保留两位)

1. 某厂 2013 年 12 月 31 日 400 名职工的工资资料如下表所示。

工资水平(元)	职工人数(人)
450~550	60
550~650	100
650~750	140
750~850	60
850~950	40
合计	400

试计算该厂职工工资的均值、方差和标准差。

2. 某地拟以 95% 的置信度($Z_{0.025}=1.96$)抽样调查本地城镇居民月消费水平,并希望抽样极限误差不超过 80 元。已知上年度该地城镇居民月消费水平的标准差为 270 元。试计算样本容量至少应为多少?

3. 以2008年为基数,根据时间序列速度指标之间的关系,推算出下表中空格的数值。

年　　份		2009	2010	2011	2012	2013
增长速度%	环比	20		25		24
	定基		50		125	

六、综合计算题(共50分,要求有公式或算式,小数一律保留两位)

1. 一家物业公司需要购买一批灯泡。假设市场上有甲、乙两种品牌的灯泡,各随机抽取了60只进行破坏性试验,得到灯泡寿命数据如下表所示。

灯泡的使用寿命(小时)	甲品牌	乙品牌
700～900	12	4
900～1 100	14	34
1 100～1 300	24	19
1 300～1 500	10	3
合　　计	60	60

试根据上述资料,计算并分析:

(1) 哪个品牌的灯泡具有较长的使用寿命?

(2) 哪个品牌的灯泡寿命更稳定？

(3) 综合考虑应当选择购买哪种品牌？（15 分）

2. 某企业生产的袋装食品采用自动包装机称重包装，每袋标准重量为 100 克。现从某天生产的产品中随机抽取 36 包进行检查，测得每包重量如下表所示。

每包重量（克）	包数（包）
96～98	3
98～100	9
100～102	20
102～104	4
合　　计	36

要求：

(1) 计算样本均值和标准差。

(2) 以 0.05 的显著性水平检验该日生产的全部食品的重量是否符合标准要求（要求写出假设检验的具体步骤，$Z_{0.025}=1.96$）。（10 分）

3. 某商店主要商品的销售价格和销售量资料如下表所示。

商品	单位	销售价格(元)		销售量	
		2008 年	2009 年	2008 年	2009 年
甲	件	10	12	200	240
乙	千克	54	68	100	88
丙	米	26	32	410	400

试根据上述资料计算:

(1) 全部三种商品销售收入的动态和增减总量。

(2) 编制拉氏销售量综合指数,并计算因销售量变化而增减的销售收入。

(3) 编制派氏销售价格综合指数,并计算因销售价格变化而增减的销售收入。(15 分)

4. 某绿化公司经营 7 年来的营业额如下表所示。

年份	营业额（万元）
2007	57
2008	59
2009	65
2010	73
2011	80
2012	92
2013	96

试根据上述资料：

（1）用最小平方法建立一个线性趋势方程。

（2）预测 2015 年该公司的营业额。（10 分）

7. 某橡胶厂公司统计了7年来的营业额如下表所示。

年份	营业额(万元)
2007	57
2008	59
2009	60
2010	70
2011	80
2012	92
2013	96

(根据上述资料。
(1)用最小乘方法建立一个线性预测方程。
(2)预测2015年该公司的营业额。(10分)